Sabrina Hoffmann

DIE NEUEN ASOZIALEN

Sabrina Hoffmann

DIE NEUEN ASO ZIALEN

Wie »besorgte Bürger« Deutschland mit Dummheit und rechtem Hass an den Abgrund bringen

Bibliografische Information der Deutschen Nationalbibliothek:
Die Deutsche Nationalbibliothek verzeichnet diese Publikation in der Deutschen
Nationalbibliografie; detaillierte bibliografische Daten sind im Internet über
http://d-nb.de abrufbar.

Für Fragen und Anregungen:
info@rivaverlag.de

Originalausgabe
1. Auflage 2016

© 2016 by riva Verlag, ein Imprint der Münchner Verlagsgruppe GmbH,
Nymphenburger Straße 86
D-80636 München
Tel.: 089 651285-0
Fax: 089 652096

Redaktion: Mareike Fallwickl, Hof bei Salzburg
Umschlaggestaltung: Catharina Aydemir, München
Umschlagabbildung: imago/Robert Michael
Abbildungen im Innenteil: S. 14: picture alliance/AP Photo; S. 65 – 69: © Sabrina
Hoffmann; S. 102: © Barbara: www.facebook.com/ichwillanonymbleiben; S. 174:
Idee, Komposition, Text: Olaf Frackmann/Zugespielt, oberes Bild: Getty Images /
Matthias Rietschel, unteres Bild: U.S. National Archives and Records Administration
Druck: CPI books GmbH, Leck
Printed in Germany

ISBN Print: 978-3-86883-815-2
ISBN E-Book (PDF): 978-3-95971-098-5
ISBN E-Book (EPUB, Mobi): 978-3-95971-099-2

Weitere Informationen zum Thema finden Sie unter:

www.rivaverlag.de

Beachten Sie auch unsere weiteren Verlage unter
www.muenchner-verlagsgruppe.de

INHALT

1. SPIESSIG, WÜTEND, ASOZIAL: GESTATTEN, HERR H.

Kennen Sie schon Herrn H.? Ich bemerkte ihn zum ersten Mal im Juni 2015. Dabei ist Herr H. eigentlich niemand, der aus der Masse hervorsticht. Wenn Sie ihm auf der Straße begegnen würden, fiele er Ihnen vermutlich nicht einmal auf. Herr H. trägt Schnauzbart, unter seinem Hemd wölbt sich ein Bäuchlein. Er hat ein nettes Lächeln – ja, er sieht fast ein bisschen schüchtern aus. Herr H. wohnt allein. Obwohl, nicht ganz allein. Denn er hat eine Hündin, die er sehr liebt. Zu ihrem Geburtstag hat er ihr einmal einen Pappbecher aufgesetzt, den er zu einem Partyhut geformt hatte. »Schnell noch in den Himmel geschaut und von dort ein Sternchen geklaut«, schreibt er seinen Freunden bei Facebook, bevor er ins Bett geht. Und er lädt sie zu sich zum Essen ein, dann macht er ihnen Sonntagsbraten mit Maronen und Aprikosen. Hausmannskost schätzt er.

Manchmal ist Herr H. traurig, zum Beispiel, als er sich mit einer neuen Bekanntschaft aus dem Internet beim Chinesen verabredet hat und sie nicht aufgetaucht ist. »Warum ich?«, fragt er. »Bin ich so verkert?«

Man könnte Mitleid haben. Wenn da nicht seine andere, dunkle Seite wäre. Denn sobald es um Zuwanderer oder Flüchtlinge geht, ist Herr H. zerfressen von Hass. Er teilt Inhalte von Hetzportalen bei Facebook:»Asylant überfällt Achtjährige in ihrem Bett« oder»Elfjährige von Muslim brutal vergewaltigt«. Oder:»Derweil für Wirtschaftsflüchtlinge, Asylforderer und illegal Eingereiste in Deutschland der rote Teppich ausgerollt wird und diese sich weder um Nahrungsmittel, Unterkunft und medizinische Versorgung zu kümmern brauchen, leben zahlreiche deutsche Obdachlose jämmerlich und abgeschrieben auf den Straßen und unter Brücken.«

Herr H. ist fest davon überzeugt, dass in Deutschland eine Islamisierung stattfindet und dass Millionen Schmarotzer aus Afrika kommen.»Nur weil man patriotisch denkt, ist man ein Nazi«, empört er sich auf Facebook.»Ihr seid alle klasse, macht weiter so, ich könnte euch ankotzen.«

Da Angela Merkel die Gewalttaten von Migranten angeblich nicht ernst genug nimmt, wünscht er sich, dass ihre Familie»auch etwas abbekommt«. Und auch sonst ist seine Wortwahl drastisch. Unter einem dubiosen Video, das Frauen mit Kopftuch beim Stehlen zeigen soll, schreibt er zum Beispiel:»Hände abhacken, wie man es beim Islam macht.« Einen Zeitungsartikel über Muslime, die den Koran in Fußgängerzonen verteilen, kommentiert er mit:»Verbrennt den Müll direkt nach Erhalt und nicht vergessen Hände waschen.«

Vielleicht fragen Sie sich, warum ich Ihnen so viel über Herrn H. erzähle. Über einen Mann, der eigentlich ein normales Leben führt und ab und an auf Facebook herumpöbelt. Herr H. ist kein Einzelfall. Seine Geschichte verdeutlicht für mich besser als jede andere, dass sich in Deutschland ein Abgrund aufgetan hat.

Ich bemerkte die Veränderungen zum ersten Mal im Spätsommer 2014. Zunächst waren es nur ein paar beleidigende Kommentare, die unter Medienartikeln bei Facebook auftauchten. Doch da Social Media mein Beruf ist[1], wurde ich plötzlich jeden Tag mit ihnen konfrontiert. Von »Ausländerpack« war die Rede. »Verbrennt sie«, hieß es. Irgendwelche fremden Menschen fingen doch tatsächlich an, von der angeblichen »Überlegenheit des deutschen Volkes« zu schreiben. Ich war erschüttert und fragte mich, wie so etwas ausgerechnet in Deutschland möglich sein konnte. In einem Land, in dem eine der größten menschlichen Katastrophen aller Zeiten passiert war. Doch das schien niemanden zu kümmern. »Ach, hört auf. Das ist jetzt 70 Jahre her«, antworten die Pöbler, wenn man sie auf den Holocaust anspricht. Fremdenfeindlichkeit scheint wieder gesellschaftsfähig zu sein. Etwas, das man öffentlich zur Schau stellen kann, ohne Konsequenzen zu fürchten.

Dann gingen 25.000 Menschen für Pegida auf die Straße, um gegen die »Lügenpresse« und die »Überfremdung« zu protestieren – Wörter, die schon Joseph Goebbels für seine NS-Propaganda benutzt hatte. Ich erinnerte mich an die Schule, als wir den Film »Schindlers Liste« sahen und »Abschied von Sidonie« lasen. Ich erinnerte mich an die Scham, die wir empfanden, und an den Ernst, der über unseren Köpfen hing. Niemals hätte ich zu jenem Zeitpunkt gedacht, dass dieser Hass erneut aufkeimen könnte. Wieder fragte ich mich: Wieso ist so etwas wie Pegida ausgerechnet in Deutschland möglich?

Und plötzlich brannten die Flüchtlingsunterkünfte. Allein im Juli und August 2015 stieg die Zahl der rechtsextremen Angriffe auf 131. Neonazis warfen im sächsischen Heidenau Flaschen, Steine und Böller auf Polizisten. Angefeuert wurden sie von »besorgten Bürgern«, die bei Kundgebungen rassistische Parolen brüllten.

---

1   Die Autorin ist Chefin vom Dienst für Social Media bei der Huffington Post Deutschland. Sie konzipiert, schreibt und betreut Texte, die sich in sozialen Netzwerken viral verbreiten. Außerdem ist sie verantwortlich für die Social-Media-Kanäle des Portals.

Es sind Hassbürger wie Herr H., die Deutschland zu einem Ort gemacht haben, den ich nicht wiedererkenne. Sie sind noch viel gefährlicher als die Rechtsextremen, gefährlicher sogar als die Gefolgsleute der NPD. Die gab es immer schon, und sie blieben meist eine Randgruppe. Doch jetzt ist da ein lauter Mob, der in Deutschland jede andere Stimme niederschreit.

Herr H. zeigt mir, dass Fremdenhass in diesen Menschen nicht tief verwurzelt ist, dass er kein geheimnisvoller, dunkler Trieb ist, der nun an die Oberfläche dringt. Die neue Ausländerfeindlichkeit vieler deutscher Bürger hat eine ganz andere Ursache: die unaufhaltsam voranschreitende Verblödung unserer Gesellschaft.

Vielleicht ist Ihnen schon aufgefallen, dass Rechtschreibung keine Stärke von Herrn H. ist. Er schreibt von »denuzieren und provuzieren«. Er schreibt, dass Deutsche von Zuwanderern nicht »ackzeptiert« würden. Er zitiert aus der »Biebel«.

Ich möchte mich nicht darüber lustig machen. Es ist nur bemerkenswert, weil sich solche Fehler in fremdenfeindlichen Kommentaren häufen. Immer wieder habe ich in meinem beruflichen Alltag festgestellt, dass viele Ausländerhasser selbst mit den Grundregeln von Rechtschreibung und Grammatik Probleme haben. Das ist kein Zufall. Mehrere Studien haben einen Zusammenhang zwischen mangelnder Bildung und Fremdenfeindlichkeit nachgewiesen. Nur 6,8 Prozent der Deutschen mit Abitur sind laut einer Studie der Universität Leipzig[2] ausländerfeindlich. Bei den Deutschen ohne Abitur sind es 20,8 Prozent.

Auch eine sehr aufschlussreiche Erkenntnis: Je niedriger das Bildungsniveau eines Menschen ist, desto eher neigt er dazu, andere Gruppen abzuwerten. Das ergab eine Studie der Friedrich-Ebert-Stiftung.[3] »Befragte mit vergleichsweise niedrigem

---

2   Oliver Decker, Johannes Kiess, Elmar Brähler: Die stabilisierte Mitte. Rechtsextreme Einstellungen in Deutschland 2014: Universität Leipzig. Leipzig 2014.

3   Andreas Zick, Beate Küpper, Andreas Hövermann: Die Abwertung der Anderen. Eine europäische Zustandsbeschreibung zu Intoleranz, Vorurteilen und Diskriminierung. Friedrich-Ebert-Stiftung. Bonn/Berlin 2011.

Bildungsstand erweisen sich als fremdenfeindlicher, antisemitischer, rassistischer, islamfeindlicher, sexistischer und homophober als höher Gebildete«, schreiben die Forscher. Das ist eine ganz schön lange Liste der Abwertungen für jemanden, der selbst keine großen Leistungen vorweisen kann. Oder? Und damit nähern wir uns auch schon dem Kern der Sache: Nicht eine fehlerhafte Flüchtlingspolitik oder eine mangelnde Integration von Zuwanderern ist schuld am Ausländerhass. Sie tragen sicher ihren Teil dazu bei. Doch eigentlich haben wir ein ganz anderes, viel grundlegenderes Problem: Es gibt in Deutschland eine große Gruppe von Menschen, die wir nicht in die Moderne mitgenommen haben. Sie sind auf der Strecke zurückgeblieben, und ihre Einstellungen stammen aus einer Zeit, als »besorgte Bürger« das Fremde noch mit Mistgabeln und Fackeln davongejagt haben.

Wenn ich also Dummheit sage, meine ich nicht unbedingt mangelnde Intelligenz oder einen niedrigen Schulabschluss. Ich rede von Ignoranz. Von der mittelalterlichen Weigerung, sich Vernunft und Fakten zu öffnen. Wozu das führen kann, haben wir schon in den dunklen Kapiteln der Geschichte gesehen. Der Mensch begegnet Veränderungen grundsätzlich mit Misstrauen. Und er kann erstaunlich beharrlich darin sein, sich der Wahrheit zu verschließen, wenn sie nicht in seine Vorstellungswelt passt. Dabei ist es doch so wichtig, den Fortschritt zuzulassen. »Man muß immerfort verändern, erneuern, verjüngen, um nicht zu verstocken«, wusste schon Johann Wolfgang von Goethe.

Wissenschaftler wurden hingerichtet, weil sie anzweifelten, dass die Erde das Zentrum des Universums ist. Frauen mussten jahrhundertelang darum kämpfen, als gleichwertig anerkannt zu werden. Bewohner anderer Erdteile wurden ausgebeutet und versklavt, weil sich die »weiße Herrenrasse« überlegen fühlte. Und noch heute haben viele Menschen Probleme damit zu akzeptieren, dass wir mit den Menschenaffen verwandt sind

– obwohl die Beweise eindeutig sind. Das Neue, das Andere, das Fremde hatte es mit uns schon immer schwer. Der Mensch bleibt eben gerne dumm. Selbst wenn es in den meisten Fällen keinen Grund gibt, sich vor der Veränderung zu fürchten. Auch die Ängste der »besorgten Bürger« sind irrational. Denn eigentlich können sie kaum schlechte Erfahrungen mit Zuwanderern oder Flüchtlingen gemacht haben. Schließlich ist Fremdenfeindlichkeit besonders in jenen Regionen Deutschlands verbreitet, in denen der Ausländeranteil bei unter einem Prozent liegt. Doch man fürchtet sich vor dem, was passieren könnte. Die meisten Menschen haben das Bedürfnis, den Status quo zu bewahren. Umgekehrt sind die Deutschen dort toleranter, wo Zuwanderer fest zum Alltag dazugehören. Auch das haben die Forscher der Universität Leipzig herausgefunden. Eine unrühmliche Ausnahme ist Bayern. Dort ist der Ausländeranteil hoch, und es gibt trotzdem viel Fremdenfeindlichkeit. Eine eindeutige Erklärung haben die Experten dafür nicht. Sie vermuten, dass es am Überlegenheitsgefühl der Bayern gegenüber den anderen Bundesländern liegen könnte. Außerdem müsse man regional unterschiedliche Demokratieverständnisse berücksichtigen. Es ist kompliziert.

Die »besorgten Bürger« passen in keines der Muster, die wir bisher mit Fremdenfeindlichkeit verbunden haben. Herr H. zum Beispiel steckt voller Widersprüche. Er schimpft über Ausländer, behauptet aber von sich selbst, links zu wählen. Und tatsächlich teilt er auf seiner Facebook-Seite Bundestagsansprachen von Sahra Wagenknecht und Gregor Gysi. Dazu schreibt er:»ha er sagt was viele nur denken und sich nicht trauen was dagegen zu tun (Duckmäusertum) Gisy hat da vollkommen recht.«

Herr H. nimmt Putin in Schutz und sieht in den USA die Ursache für so ziemlich alles, was auf der Welt schiefläuft:»na endlich zeigen die Scheiß Amis ihr wares gesicht.« Auch andere Flüchtlingsgegner folgen diesem seltsamen Schema: Sie sehen überall Feinde, fühlen sich von allen Seiten angegriffen. Am meisten erschreckt mich ein Satz, den Herr H. auf seinem Profil teilt und verbreitet: »Diese Person fühlt sich von Politikern nicht vertreten, von Medien verarscht, hat keine Lust mehr auf Kriegshetze gegen einen Feind, der keiner sein will, glaubt nicht an Wahlen und fordert die längst überfällige Revolution.« Er glaubt nicht an Wahlen? Ja, an was denn dann? An eine Diktatur? Er hat das Gefühl, dass er nicht mitreden darf, und gleichzeitig greift er die Grundsäulen der Demokratie an? Vermutlich bringt es nichts, darin einen Sinn zu suchen.

Deutschlands neue Hassbürger werden angetrieben von einer gefährlichen Mischung aus Frust, Angst und Unwissen. Besonders tragisch finde ich, dass sie nicht verstehen, was Menschlichkeit ist. Sie können sich nicht in andere hineinfühlen. Was es bedeutet, ein Flüchtling zu sein, das übersteigt ihre Vorstellungskraft.

Sie schaffen es nicht, das Denken in festgelegten Kategorien wie »Nationalität« zu überwinden und den nigerianischen Asylbewerber in erster Linie als Menschen zu sehen. Sie sind blind für die Not anderer und denken nur an sich.

»Ja, natürlich geht es den Flüchtlingen schlecht, aber was ist mit *unseren* Rentnern und *unseren* Kindern und *unseren* Obdachlosen«, fragen sie. Und gleichzeitig sind sie die Ersten, die aufschreien, wenn sie für Sozialleistungen höhere Steuern zahlen sollen. Dann heißt es wieder: »Und was bleibt dem einfachen Arbeiter wie mir?«

In dieser Hinsicht sind Menschen wie Herr H. asozial. Und zwar in der ganz buchstäblichen Bedeutung des Wortes: Wenn sozial bedeutet, gemeinnützig, hilfsbereit und barmherzig zu sein, sind sie das Gegenteil davon: egoistisch, ich-bezogen und erbarmungslos.

»Asozial« ist ein hartes Wort. Aber spätestens seit September 2015 weiß ich, dass es gerechtfertigt ist. Erinnern Sie sich noch an den kleinen syrischen Jungen, der tot am Strand in der Türkei lag? Erinnern Sie sich an Aylan?

Sein Foto bewegte Menschen überall auf der Welt. Aylan war erst drei Jahre alt, als er starb. Seine Familie war aus dem syrischen Kobane geflohen. Das Boot kenterte im Mittelmeer, und Aylan ertrank. Sein kleiner Körper wurde an einen Strand in der Türkei gespült, wo ein Fotograf ihn entdeckte. Man sah kein Blut und keine äußeren Verletzungen. Und doch zeigte das Foto die ganze Grausamkeit der Flüchtlingskrise[4].

»Ein Foto, um die Welt zum Schweigen zu bringen«, schrieb die italienische Zeitung »La Repubblica«. Es stimmte: All die Diskussionen in den Medien, in Talkshows, in den sozialen Netzwerken schienen plötzlich bedeutungslos. Kein Politiker, kein Menschenrechtler, kein prominenter Unterstützer hatte es

---

4   Einige Experten glauben, dass der Begriff »Flüchtlingskrise« irreführend ist. Sie weisen darauf hin, dass Deutschland noch weit von einer Krise entfernt sei. Ich verwende diesen Begriff in diesem Buch, weil er im allgemeinen Diskurs sehr verbreitet ist, auch in den Medien.

geschafft, einen so dringlichen Appell an die Menschlichkeit zu richten wie dieses Bild. Was waren Worte gegen diese stumme Anklage, die uns das kollektive Versagen Europas klarmachte? Gegen das Bild gab es keine Argumente mehr. Niemand konnte ihm etwas entgegensetzen.

Das dachte ich zumindest. Doch ich hatte die »besorgten Bürger« unterschätzt. Kaum hatten wir das Foto auf der Facebook-Seite der »Huffington Post« veröffentlicht, kamen die widerlichen Kommentare. Ein Nutzer schrieb: »Ich möchte nicht wissen, wie viele Kinder jeden Tag sterben!!!! und da gibt es keine Bilder, aber jetzt brummt ja die Flüchtlingswelle!!!« Ein anderer versuchte sogar, das traurige Schicksal des kleinen Aylan zu relativieren, indem er auf ein 1945 versenktes Schiff mit deutschen Flüchtlingen verwies:

»9000 sind bei dem Abschuss der Wilhem Gustlow ertrunken. Darunter viele Kinder, und die wurden allen an der Küste angeschwemmt. Regt sich auch keiner auf. Und die auf der Flucht erfroren, vergewaltigt und erschlagen wurden. Fragen sie mal die Eltern. Aber das waren ja nur Deutsche.«

Eine Nutzerin behauptete, das Bild sei ein Fake. Wasserleichen würden schließlich anders aussehen. Und viel zu viele fragten: »Was ist mit den deutschen Kindern, die täglich sterben?« Ich darf mit Recht sagen: Das ist asozial. Es sind nicht einzelne Fanatiker, die so denken. Das braune Gedankengut kauert in der Mitte der Gesellschaft und zeigt uns seine hässliche Fratze. Die pöbelnde Masse ist entfesselt. Verstand und kritisches Denken sucht man bei diesem neuzeitlichen Mob vergeblich. Stattdessen wird er von Gefühlen und Trieben gesteuert. Es ist Zeit, in den Abgrund zu schauen.

2. ANGST ESSEN HIRNZELLEN AUF

Menschen wie Herr H. nennen sich »besorgte Bürger« und verraten damit viel.

Sie werden beherrscht von ihren Emotionen. Und ihre stärkste Emotion ist Angst. »Furcht ist nur ein anderer Name für die Unfähigkeit, die Entstehung von Gedanken zu beherrschen«, schrieb der US-Schriftsteller und Philosoph Prentice Mulford einst. Und noch heute passt die Beschreibung auf das Chaos in den Köpfen.

Die Deutschen hören Prognosen, dass bis Ende des Jahres 1 Million neue Flüchtlinge in der Bundesrepublik Schutz suchen werden[5]. Das klingt nach einer Verdoppelung, denn im Mai 2015 war noch von etwa 450.000 erwarteten Asylantragstellern die Rede. Und schon geraten die Hassbürger in Atemnot.

Dabei heißt das gar nicht, dass doppelt so viele Menschen kommen wie erwartet. Es sind nur zwei unterschiedliche Zählgrößen: einmal alle Flüchtlinge, die nach Deutschland kommen, und einmal alle Flüchtlinge, die einen Asylantrag stellen. Natürlich ist die Zahl der Flüchtlinge insgesamt höher als die Zahl der Antragsteller.

---

5   Es gibt Experten, die sogar bis zu 1,5 Millionen neue Flüchtlinge für möglich halten.

Das liegt zum Beispiel daran, dass viele nach ihrer Ankunft in Deutschland weiterreisen oder zurückgehen. Etwa 20 Prozent aller Menschen, die hier ankommen, stellen keinen Antrag. So rechnete es »Spiegel Online« vor.[6] Es gibt also gar keine völlig unerwartete Flüchtlingsflut. Aber das ist erst einmal egal. Hauptsache, Panik!

Die Deutschen haben jetzt oder auf absehbare Zeit keine gravierenden Nachteile davon, dass immer mehr Asylsuchende nach Deutschland kommen. Ich wiederhole: Die Flüchtlingskrise hatte bisher *keine* Auswirkungen auf die finanzielle oder berufliche Situation der Deutschen. Doch Vernunft hat es beim Menschen grundsätzlich schwer. Das liegt an den Prozessen in unserem Gehirn. Angst – und übrigens auch Aggression – entsteht in der sogenannten Amygdala. Das ist ein Gebiet im Gehirn, das sich ungefähr in der Mitte befindet. Die Amygdala meldet Gefahren blitzschnell an das Großhirn, wo das rationale Denken sitzt, und sie sorgt dafür, dass Stresshormone ausgeschüttet werden. Für die Vernunft ist ein Teil des Frontallappens zuständig – der präfrontale Cortex. Er wägt ab und kann Entwarnung geben, wenn keine Gefahr droht. Allerdings ist die Verbindung von der Amygdala zum präfrontalen Cortex schneller als umgekehrt. Das bedeutet: Die Angst ist sofort da. Doch bis die Vernunft zurückfunkt, kann es ein bisschen dauern.

Bildung schützt vor Angst. Das zeigt eine Langzeitstudie der Freien Universität Berlin und des Deutschen Instituts für Wirtschaftsforschung.[7] Das Ergebnis: Menschen mit Hochschulab-

---

6   Kevin Hagen: Faktencheck. Die große Verwirrung um die Flüchtlingszahlen. Spiegel Online. 02.09.2015.

7   Katja Rackow, Jürgen Schupp, Christian von Scheve: Angst und Ärger. Zur Relevanz emotionaler Dimensionen sozialer Ungleichheit. Zeitschrift für Soziologie, 41(5), 391–409. Stuttgart 2012.

schluss empfinden seltener Angst als weniger gebildete Menschen. Außerdem fanden die Forscher heraus, dass ein hoher sozialer Status und ein hohes Einkommen negative Gefühle wie Sorge und Furcht mindern. Das liegt natürlich auch daran, dass die wohlhabende Bevölkerung weniger Geldprobleme hat. Dass man sich in finanziellen Notlagen sorgt, ist verständlich. Doch es gibt eine andere Seite der Angst – die irrationale. Sie ist das Problem. Der Psychologe Eduard Käseberg sagte zu den »Stuttgarter Nachrichten«: »Irrationale Ängste haben immer etwas zu tun mit Mangel an Bildung. Kurz gesagt: Die Dummen leiden besonders heftig unter irrationalen Ängsten.«

Es gibt viele unbegründete Ängste. Wir fürchten uns im Urlaub am Meer vor Haien, obwohl es pro Jahr weltweit nur etwa sechs tödliche Angriffe gibt. Es ist sogar wahrscheinlicher, von einer herabfallenden Kokosnuss getötet zu werden als von einem Hai. Vor dem Autofahren dagegen fürchtet sich kaum jemand. Und das, obwohl allein in Deutschland jährlich mehr als 3000 Menschen bei Verkehrsunfällen sterben.

Die Angst vor Flüchtlingen und Zuwanderern ist genauso irrational. »95 Prozent der Asylbewerber sind Wirtschaftsflüchtlinge«, hieß es zum Beispiel auf den Pegida-Demos. Und die Hassbürger plappern diese erfundene Zahl seither nach. Das ist schon deshalb Quatsch, weil etwa 48 Prozent aller in Deutschland geprüften Asylverfahren für den Flüchtling positiv ausgehen. Asyl wird nur Menschen gewährt, die auf der Flucht sind.

Flüchtlinge vom Balkan sind bei den »besorgten Bürgern« besonders verhasst. Etwa 30.000 Menschen aus Albanien stellten bis Juli 2015 einen Asylantrag.[8] Noch mal etwa 30.000 Anträge kamen von Asylsuchenden aus dem Kosovo und etwa 12.000

---

8   Zahlen vom Bundesamt für Migration und Flüchtlinge.

von Menschen aus Serbien. Viele dieser Balkanflüchtlinge leiden unter großer Armut. Unter ihnen sind Roma, die in ihrer Heimat diskriminiert werden. Trotzdem lehnen die deutschen Behörden nahezu 100 Prozent dieser Anträge ab und schicken die Menschen zurück ins Elend. Dort müssen sie in noch größerer Not leben als zuvor. Sie haben all ihr Geld den Schleppern gegeben, die sie mit falschen Versprechen lockten. So viel zum Märchen von den »schmarotzenden Wirtschaftsflüchtlingen«.

Die Hassbürger haben Angst, dass die Flüchtlinge Deutschland finanziell zugrunde richten. Fakt ist, dass die Bundesrepublik dieses Jahr etwa 10 Milliarden Euro für Asylsuchende ausgibt. Das sind nur etwa 3,3 Prozent des gesamten Bundeshaushalts des Jahres 2015. Ist das zu viel, wenn man bedenkt, dass die Welt gerade eine ihrer größten humanitären Krisen erlebt? Zum Vergleich: Für Rente, Hartz IV und andere Sozialausgaben hat das Ministerium für Arbeit und Soziales in diesem Jahr einen Etat von mehr als 125 Milliarden Euro zur Verfügung.

Aber am Ende kosten uns die Menschen aus anderen Ländern überhaupt kein Geld. Sie bringen uns sogar welches. Laut einer Studie des Zentrums für Europäische Wirtschaftsforschung im Auftrag der Bertelsmann Stiftung[9] zahlte jeder der 6,6 Millionen Menschen ohne deutschen Pass 3300 Euro mehr an Steuern und Sozialabgaben, als er an Leistungen bekam.

»Aber wir haben doch keinen Platz mehr«, rufen die »besorgten Bürger«. Dabei kommen in Deutschland im Schnitt zwei Asylbewerber auf 1000 Einwohner. In anderen Ländern wie Ungarn, Österreich oder Schweden gibt es, in Relation gesehen, viel mehr Flüchtlinge. Und im Libanon sind es sogar 220 Flüchtlinge pro Einwohner.

---

9   Holger Bonin: Der Beitrag von Ausländern und künftiger Zuwanderung zum deutschen Staatshaushalt. ZEW – Zentrum für Europäische Wirtschaftsforschung. Bertelsmann Stiftung. Mannheim 2014.

Außerdem gibt es in Deutschland Landkreise, die in den nächsten Jahren fast 30 Prozent ihrer Bevölkerung verlieren werden. Zu eng wird es hier also erst einmal nicht. Aber vielleicht zu gefährlich?

Herr H. schreibt auf Facebook, dass er sich nachts wegen der ganzen Ausländer nicht mehr auf die Straße traue. Noch so eine gefühlte Wahrheit. Denn natürlich gibt es keine Zahlen, die belegen, dass Flüchtlinge öfter zu Straftaten neigen. Im Gegenteil. »Kriminalität und Flüchtlingsquartiere – dieser Zusammenhang lässt sich aus unserer Sicht so nicht darstellen«, sagte zum Beispiel ein Polizeisprecher in Bremen der »taz«.

Auch die Polizei in Berlin versichert nach Angaben der »Berliner Zeitung«, dass es in der Nähe der Asylbewerberunterkünfte und Erstaufnahmeheime keine erhöhte Kriminalität gebe. Ein Komplott von Lügenpresse und Lügenpolizei? Wohl kaum.

Hassbürger argumentieren gern mit der Polizeistatistik, die angeblich beweise, dass Ausländer besonders oft straffällig würden. 2014 zum Beispiel gab es etwa 1,5 Millionen deutsche Tatverdächtige und 617.392 nichtdeutsche Tatverdächtige. Bei 81,1 Millionen Einwohnern insgesamt und 8,2 Millionen Ausländern klingt das nach einem besonders hohen Anteil ausländischer Krimineller. Dumm nur, dass diese Rechnung auf einem großen Denkfehler basiert. Auf mehreren sogar. Punkt eins: Zu den nichtdeutschen Tatverdächtigen zählen auch Touristen oder Kriminelle, die nur nach Deutschland kommen, um eine Straftat zu begehen, und die dann wieder verschwinden. Es ist also Unsinn, sie zu den 8,2 Millionen Zuwanderern ins Verhältnis zu setzen, die dauerhaft in Deutschland leben. Punkt zwei: Tatverdächtige sind noch lange keine verurteilten Täter. Und dass Ausländer aufgrund von Vorurteilen eher unter Tatverdacht geraten als Deutsche, ist nur logisch. Es gibt zum Beispiel einen Paragrafen des Bundespolizeigesetzes, der sogenannte verdachtsunabhängige Kontrollen erlaubt. Im Klartext heißt das: Polizisten dürfen Menschen aufgrund ihrer Hautfarbe kontrollieren, auch wenn es keinen Anlass dazu gibt. Das solle illegale Einreise verhindern, sagen die Behörden. Im Alltag führt es allerdings dazu, dass ganz normale Deutsche ständig in der Öffentlichkeit blamiert werden. Nur weil ihre Hautfarbe sie verdächtig macht. So war es zum Beispiel bei einem Dozenten der Universität Kempten, der in einem Regionalzug seinen Ausweis zeigen musste. Der Mann stammte aus einer deutsch-indischen Familie und hatte solche Situationen schon öfter erlebt. Jetzt klagt er vor dem Verwaltungsgericht München.

Punkt drei: Es gibt Straftaten, gegen die ein deutscher Staatsangehöriger nicht verstoßen kann. Darunter fällt zum Beispiel alles, was das Aufenthaltsgesetz betrifft. Die polizeiliche Kriminalstatistik zählte 2014 allein 156.396 Straftaten gegen das Aufenthalts-, das Asylverfahrens- und das Freizügigkeitsgesetz der EU. Sogar das Bundeskriminalamt warnt vor der Statistik: »Diese Daten dürfen nicht mit der tatsächlichen Kriminalitätsentwicklung gleichgesetzt werden. Sie lassen auch keine vergleichende Bewertung der Kriminalitätsbelastung von Deutschen und Nichtdeutschen zu.«[10]

Es ist schon ironisch. Die »besorgten Bürger« steigern sich in unbegründete Ängste vor Zuwanderern und Flüchtlingen hinein. Dabei sollten sie sich eigentlich vor ganz anderen Dingen fürchten. Deutschland drohen große Gefahren, im schlimmsten Fall sogar Katastrophen. Doch es werden keine Ausländer sein, die sie auslösen. Sondern wir selbst.

Die wahrscheinlich größte Herausforderung der Zukunft ist der demografische Wandel. Bis 2060 könnte die deutsche Bevölkerung auf 65 Millionen schrumpfen. Jeder Dritte wird dann laut Demografiebericht der Bundesregierung älter als 65 Jahre

---

10   Bundeskriminalamt (BKA): Polizeiliche Kriminalstatistik Bundesrepublik Deutschland. Berichtsjahr 2009. Wiesbaden 2010.

sein. Und die Folgen werden verheerend sein: Einige Regionen in Deutschland werden nahezu menschenleer sein. Experten denken schon darüber nach, diese Gebiete der Natur zurückzuführen. Eine krasse Vorstellung, oder? Auch die gesamte Wirtschaft wird leiden. Steuerzahler und Arbeitskräfte gehen verloren. Dafür wird die medizinische Versorgung der alternden Bevölkerung immer teurer. Und irgendjemand muss sich um die vielen Pflegefälle kümmern. Aber wer sollte das sein? Junge Menschen, gerade Studenten, werden wahrscheinlich früher ins Berufsleben starten und bis ins hohe Alter arbeiten müssen. Schon in 14 Jahren soll die Rente mit 67 in Kraft treten. Es ist gar nicht so unwahrscheinlich, dass die Deutschen irgendwann erst mit 80 in den Ruhestand gehen.

Bis 2050 werden Rentner nur noch die Hälfte ihres Nettolohns bekommen. Das entspräche Sozialhilfeniveau, erklärten Experten in einer Studie der Deutschen Bank. Vielen Deutschen droht deshalb die Altersarmut. Trotzdem legen nur 38 Prozent der jungen Menschen Geld für später zurück. Und das, obwohl es sie am härtesten treffen wird.[11] In wenigen Jahrzehnten wird es mehr Rentner geben als Menschen, die arbeiten. Die einzige Hoffnung ist Zuwanderung. Angesichts der dramatischen Zukunftsaussichten sollten wir uns über jeden Menschen freuen, der in Deutschland leben will. »Lasst uns nicht allein!«, sollten wir rufen.

Zuwanderer helfen nicht nur, die vielen offenen Stellen zu besetzen. Sie schaffen auch neue Arbeitsplätze. »Ein Projektleiter braucht Teamassistenten, und Aufträge werden hierzulande realisiert, die sonst möglicherweise ins Ausland gegangen

---

11 Klaus Hurrelmann, Heribert Karch, Thomas Gensicke, Annette Otto, Csaba Burger, Gordon L. Clark: Jugend, Vorsorge, Finanzen – von der Generation Praktikum zur Generation Altersarmut. Weinheim und Basel 2013.

wären«, sagte Frank-Jürgen Weise, Chef der Bundesagentur für Arbeit, der »Welt«. Schon jetzt schaffen Zuwanderer laut einer Studie der Friedrich-Ebert-Stiftung 2,2 Millionen Jobs in Deutschland. Es handelt sich dabei meist um Türken und Polen, die sich hier als Unternehmer selbstständig gemacht haben. Die Angst vor der Überfremdung ist ein Gespenst, das wir so schnell wie möglich vertreiben sollten. Dann hätten wir mehr Energie übrig, um über die wirklichen Gefahren zu sprechen. Zum Beispiel über den drohenden Zusammenbruch an der Börse, der die Weltwirtschaft ins Chaos stürzen könnte. China schwächelt. Und wenn die Umsätze deutscher Firmen wie VW oder Adidas dort fehlen, müssen die Beschäftigten in Deutschland mit Kündigungen rechnen. Auch die USA könnten die Weltwirtschaft ins Wanken bringen. Seit der Finanzkrise 2008 sind die Zinsen dort sehr niedrig. Nun will die Federal Reserve sie bis 2017 schrittweise erhöhen. Das könnte Europa hart treffen und den nächsten großen Crash auslösen.

Und warum sorgen sich die »besorgten Bürger« nicht um den Klimawandel? Er ist kein fernes Szenario mehr. Deutschland spürt ihn schon jetzt. Denn während sich die Gemüter in der Asylkrise erhitzten, erlebten wir 2015 auch einen der heißesten Sommer seit langer Zeit. Es ist zwar nicht eindeutig belegt, dass die hohen Temperaturen Folge der globalen Erwärmung waren. Aber es ist wahrscheinlich. In den vergangenen Jahrzehnten haben die heißen Tage in städtischen Ballungsräumen stark zugenommen. Das ergab eine große internationale Studie.[12] Der Deutsche Wetterdienst meldete für Deutsch-

---

12 Vimal Mishra, Auroop R. Ganguly, Bart Nijssen und Dennis P. Lettenmaier: Changes in observed climate extremes in global urban areas. Environmental Research Letters, Volume 10, Number 2, 2015. Bristol und Philadelphia 2015.

land die gleiche Tendenz.[13] Es sei »für alle untersuchten Städte eine Zunahme der Häufigkeiten von Hitzeperioden seit den 1980er-Jahren zu erkennen; so traten in Hamburg als Beispiel für eine norddeutsche Großstadt solche Extremereignisse vor 1994 noch gar nicht auf.«

Der Klimawandel hat Deutschland schon jetzt verändert, das zeigt der erste große Bericht der Bundesregierung zu diesem Thema.[14] Die Experten haben Erosionen beobachtet, die den Boden unfruchtbar machen und Gewässer aus dem Gleichgewicht bringen. Landwirte verlieren durch Stürme, Hagel und Trockenheit einen Teil ihrer Ernte. Außerdem breiten sich Wärme liebende Insekten wie die Sandmücke in Deutschland aus. Sie überträgt Malaria und das Denguefieber.

In Zukunft drohen in Deutschland vermehrt Hochwasser, Schädlingsplagen, Wasserknappheit im Sommer, Waldbrände und Sturmschäden.[15] Doch das ist nichts im Vergleich zu den Veränderungen, die es weltweit geben wird. Experten schätzen, dass der Meeresspiegel in den nächsten hundert Jahren um 89 bis 100 Meter steigen wird. Städte wie New York, Tokio oder Schanghai wären dann teilweise unbewohnbar. Hunderte Millionen Küstenbewohner würden laut Weltklimabericht heimatlos werden. Schlimmer noch: Im Kampf um schwindende Ressourcen wie Wasser und Nahrung könnten Kriege ausbrechen.[16]

---

13   Florian Imbery, Karsten Friedrich, Christina Koppe-Schaller, Stefan Rösner, Peter Bissolli, Klaus-Jürgen Schreiber. Erste klimatologische Einschätzung der Hitzewelle im Juli 2015, Deutscher Wetterdienst. Offenbach 2015.

14   Monitoringbericht 2015 zur Deutschen Anpassungsstrategie an den Klimawandel. Bericht der Interministeriellen Arbeitsgruppe Anpassungsstrategie der Bundesregierung. Umweltbundesamt. Dessau-Roßlau 2015.

15   Friedrich-Wilhelm Gerstengarbe und Harald Welzer (Hg.): Zwei Grad mehr in Deutschland. Wie der Klimawandel unseren Alltag verändern wird. Das Szenario 2040. Frankfurt am Main 2013.

16   Intergovernmental Panel on Climate Change: Climate Change 2014. Impacts, Adaptation, and Vulnerability. IPCC Working Group II Contribution to AR5. Genf 2014.

Doch mit diesen Schreckensszenarien beschäftigen sich die »besorgten Bürger« selten. Es ist ja auch viel einfacher, gegen Ausländer zu hetzen, als sich mit komplizierten Zusammenhängen der Weltwirtschaft oder gar mit wissenschaftlichen Studien zur globalen Erwärmung auseinanderzusetzen. Der Autor und Aktivist David Niose beschrieb das Phänomen als »Antiintellektualismus«, der auch die USA im Griff habe. In der Zeitschrift »Psychology Today« brachte er es auf den Punkt: In einem Land, in dem der Vorsitzende eines Umweltausschusses des Senats einen Schneeball in den Plenarsaal mitbringe als Beweis, dass der Klimawandel ein Gerücht sei, sei es nicht bestreitbar, dass kritisches Denken als kultureller Wert aufgegeben worden sei.[17] Über das Beispiel mit dem Schneeball schmunzeln Sie vielleicht und denken: Das kann auch nur in den USA passieren. Doch die »besorgten Bürger« in Deutschland stehen ebenfalls am Rande des Wahnsinns. Sie vertiefen sich immer mehr in Verschwörungstheorien. Es grenzt schon an Schizophrenie.

Es kommt mir vor, als würden sie eine Art Idiotenlotto spielen. Chemtrails, Freimaurer, jüdische Weltverschwörung, 9/11-Komplott – die Auswahl ist grenzenlos. Jeder darf am Rad drehen. Im buchstäblichen wie im übertragenen Sinn.

Ist es ein Zufall, dass die Teilnehmer bei Chemtrail-Demos »Lügenpresse« skandieren – genau wie die Demonstranten bei Pegida, in Freital und in Heidenau? Oder sind es am Ende dieselben »besorgten Bürger«? Wer an Chemtrails glaubt, geht davon aus, dass die Kondensstreifen von Flugzeugen eigentlich gar keine kondensierten Abgase sind, sondern chemische Stoffe, die uns vergiften sollen.

---

17 David Niose: Anti-Intellectualism is killing America. Psychology Today Online, 23.06.2015.

Wieso sind die weißen Streifen von Flugzeugen eigentlich so lange am Himmel zu sehen? Das fragten sich Mitte der 1990er-Jahre ein paar besonders skeptische Menschen. Die Erklärung war schnell gefunden: Die US-Luftwaffe nutze den zivilen und militärischen Luftverkehr weltweit, um gefährliche Stoffe auszusprühen. Welche das genau sein sollen, dazu gibt es verschiedene Theorien: Aluminiumsalze, Bariumsalze, Polymere, Mikroben, Pharmazeutika. Auch über den Zweck sind sich die »besorgten Bürger« nicht einig: Einige glauben, die Stoffe sollen die Bevölkerung zeugungsunfähig machen oder vergiften, damit es weniger Menschen auf der Erde gibt. Andere glauben, die USA versuchen, den Treibhauseffekt rückgängig zu machen, indem sie Partikel in der Atmosphäre verteilen. Oder dass sie den pH-Wert im Boden ändern wollen, damit normales Saatgut nicht mehr gedeiht und die Konzerne stattdessen spezielle Samen vertreiben können. Oh, und dann gibt es noch meine persönliche Lieblingstheorie: Chemtrails seien Metallstäube, die in Zusammenwirkung mit Mikrowellen-Sendeanlagen reflektierende Schichten schafften, die für dreidimensionales Radar eingesetzt würden. Das klingt nach Behauptungen übereifriger Öko-Aktivisten, sagen Sie? Tatsächlich aber marschieren bei den Chemtrail-Demos bekannte Reichsbürger und Holocaust-Leugner mit.

Auf dem Portal Chemtrail.de steht zum Zeitpunkt meiner Recherche ein Text mit folgender Überschrift ganz oben: »Auf den Spuren ins Paradies. Flüchtlinge möchten dahin, wo Milch und Honig fließt, Deutschland. Wacht auf!!« Ausländerhass und Chemtrails scheinen auf den ersten Blick wenig miteinander zu tun zu haben. Doch hinter beidem steckt Angst. Angst vor einem unsichtbaren, aber mächtigen Gegner. Die »besorgten Bürger« vermuten, dass hinter allem »das System« steht. Gemeint ist damit eine geheimnisvolle Kraft, die unsere Politiker zu Marionetten macht. Auch die unzufriedenen Bürger im Deutschland der 1920er-Jahre verachteten »das System« und sprachen von »Systempolitikern«[18]. Sie fühlten sich nach der Niederlage in ihrem Nationalstolz gekränkt und machten die Weimarer Republik für die schlechte wirtschaftliche Lage und die hohe Arbeitslosigkeit verantwortlich. Wie das ausging, ist bekannt.

Solange eine Theorie in ihr Konzept von der globalen Verschwörung passt, sind die Hassbürger bereit, *alles* zu glauben, egal, wie absurd es auch scheinen mag. Jede neue Wendung ist ein Teil dieses gigantischen Puzzles, an dem sie unaufhörlich weiterbasteln. Immer wieder können sie einander selbstzufrieden auf die Schulter klopfen und flüstern: »Ja, genauso ist es. Wir haben es durchschaut.« Als großen Drahtzieher vermuten viele der »besorgten Bürger« die USA. Schließlich haben die Vereinigten Staaten angeblich schon die Mondlandung erfunden, HIV im Labor als Vernichtungswaffe gezüchtet und den Anschlag auf das World Trade Center fingiert.

Die USA haben Fehler gemacht, große sogar. Aber sie deswegen als Ursache allen Übels auf der Welt zu sehen ist Unsinn. Woher kommt dieser Amerikahass? Tobias Jaeckel, Autor des Buches »Hass, Neid, Wahn. Antiamerikanismus in den deutschen Medien« hat eine Erklärung. Es sei der verzweifelte Versuch, sich zu emanzipieren.

»Der in den Weltkriegsniederlagen und der Besatzungszeit wurzelnde Minderwertigkeitskomplex gegenüber dem ›großen Bruder‹ kann endlich abgeschüttelt werden. Denn dass es die Amerikaner waren, die den Deutschen die Demokratie beibrachten, haben ihnen viele nie verziehen«, schrieb Jaeckel in einem Gastbeitrag bei »Zeit Online«.

Big Brother is watching you? Was sich in den sozialen Netzwerken abspielt, liest sich tatsächlich oft wie eine wahr gewor-

---

18 Horst Dieter Schlosser: Sprache unterm Hakenkreuz. Eine andere Geschichte des Nationalsozialismus. Köln, Weimar und Wien 2013.

dene Version von George Orwells Roman »1984«. Fans der Verschwörungstheorie haben sich längst ihre eigene große Dystopie geschaffen: die von der sogenannten BRD GmbH. Wenn ich Wetten darüber abschließen würde, welcher Kommentar garantiert unter einem Text zum Thema Flüchtlinge oder Zuwanderer kommen wird, dann wäre das neben »Ich bin ja kein Nazi, aber …« und »Lügenpresse!!!!!!« vor allem einer: »Die BRD GmbH lässt grüßen.«

Diese Theorie gehört zu den absurdesten, die im Netz kursieren. Sie besagt, dass Deutschland gar kein Staat sei, sondern eine Firma. Bei Facebook verbreitete sich zum Beispiel ein Beitrag, in dem Verschwörungstheoretiker folgendermaßen argumentieren:

> »Ihnen ist noch nicht aufgefallen, dass in Ihrem ›Personalausweis‹ und in Ihrem Reisepass gar keine Staatsangehörigkeit angegeben ist? Sie finden dort unter der Rubrik ›Staatsangehörigkeit‹ den Eintrag ›DEUTSCH‹, doch einen Staat namens ›DEUTSCH‹ gibt es bekanntermaßen doch gar nicht! Und überhaupt! Wieso haben Sie einen Personalausweis? Wessen Personal sind Sie?«

Nach dem Zweiten Weltkrieg sei in Deutschland nie eine Verfassung verabschiedet worden, nur das Grundgesetz, heißt es. Es habe zudem nie einen Friedensvertrag zwischen Deutschland und den Siegermächten gegeben, auch nicht nach der Wiedervereinigung. Das würde bedeuten, dass das Deutsche Reich nie aufgehört hat zu existieren. Die Anhänger dieser Verschwörungstheorie nennen sich deshalb »Reichsbürger«. Außerdem verweisen sie darauf, dass im Frankfurter Handelsregister eine »Bundesrepublik Deutschland Finanzagentur« eingetragen sei. Lachen Sie schon? Es wird noch besser. Denn in dem Facebook-Beitrag wird auch dieser Beweis angeführt:

»Im ehemaligen Römischen Reich mussten Sklaven, so sie denn schreiben konnten, in GROSSBUCHSTABEN eine Urkunde unterschreiben, dass sie dem Sklavenhalter gehören. Und nun schauen Sie doch noch mal in Ihren Bundespersonalausweis, wie Ihr Name dort geschrieben steht. Richtig! In GROSSBUCHSTABEN natürlich. Und nun raten Sie mal, warum?!«

Die »Bundesrepublik Deutschland Finanzagentur« gibt es wirklich. Sie wurde gegründet, um Staatsanleihen zu kaufen und Kredite aufzunehmen. Das kann ein privatwirtschaftliches Unternehmen schneller und leichter tun als eine staatliche Behörde. Die Existenz der Finanzagentur ist kein Geheimnis. Sie hat auch eine offizielle Website. Dass die Bundesrepublik auf dem Grundgesetz aufbaut und nicht auf einer Verfassung, hat historische Gründe. Die westdeutschen Ministerpräsidenten und die Parteien hofften, dass die Teilung Deutschlands nur vorübergehend sein würde. Deshalb wollten sie vorerst keine eigene Verfassung verabschieden. In der Zwischenzeit sollte das Grundgesetz diesen Zweck erfüllen.

Auch nach der Wiedervereinigung blieb Deutschland beim Grundgesetz. Zum einen, weil die beiden Staaten dadurch schneller zusammengeführt werden konnten. Zum anderen, weil die meisten Deutschen das Grundgesetz schon als Verfassung sahen. Und auch faktisch erfüllt es die gleiche Funktion. Ähnlich ist es mit dem tatsächlich nie geschlossenen Friedensvertrag. Denn seinen Platz nahm der Zwei-plus-Vier-Vertrag zwischen der DDR und der Bundesrepublik sowie den USA, Großbritannien, Frankreich und der Sowjetunion ein.

Doch alle Fakten helfen nichts. Der Glaube an die BRD GmbH lebt weiter. Er ist einfach zu verführerisch, schließlich vereint er alle Befürchtungen und alle Feindbilder zu einer großen Idee. Das undurchsichtige Finanzwesen. Der böse Kapitalismus. Die totale Kontrolle durch die USA. Die Entmündigung der Bürger, die am Ende nur Bedienstete eines kalten Systems sind. Das alles klingt wie die Handlung eines Hollywoodthrillers.

Ich habe mittlerweile viele Ängste der »besorgten Bürger« kennengelernt. Mal sind sie erschreckend, mal bemitleidenswert, mal surreal. Doch eines sind sie fast immer: egoistisch. Es wäre ja möglich, dass die Flüchtlinge irgendwann irgendjemandem die Butter vom Brot nehmen – und das versetzt die »besorgten Bürger« in Panik.

Flüchtlinge mussten mitansehen, wie ihre Familienangehörige starben. Sie haben Bomben einschlagen gehört. Sie haben gespürt, wie Gewehre auf sie gerichtet wurden. Sie kennen Hunger, Durst und unendliche körperliche Strapazen. Sie wissen, was Angst wirklich ist. Und im Angesicht von so viel Leid fühlen sich manche Deutsche benachteiligt, weil sie vielleicht ein winziges Stück ihres Wohlstandes abgeben müssen. Dabei ist das bisher noch nicht einmal passiert. Es *könnte* aber geschehen. Die tatsächliche Not anderer Menschen wiegt für sie geringer als der perspektivische Verzicht auf ihre eigene Bequemlichkeit. Ich, ich, ich, heißt es nur.

Offenbar sind die »besorgten Bürger« unfähig geworden, sich in wahres Elend hineinzuversetzen. Schließlich sind sie in einem Land aufgewachsen, in dem seit mehr als 70 Jahren Frieden herrscht. In dem Essen, Wasser, eine Wohnung, Schulbildung und medizinische Versorgung für die allermeisten Menschen selbstverständlich sind. Viele Deutsche sind faul und undankbar. Mit gefüllten Bäuchen sitzen sie vor ihren LED-Fernsehern und kriegen den Hals nicht voll. Dort auf dem Sofa ist es einfach, Flüchtlingen Feigheit vorzuwerfen, weil sie nicht in ihrem Heimatland bleiben, um es wiederaufzubauen. »Unsere Vorfahren sind auch nicht abgehauen nach dem Krieg«, murren die Couchpupser selbstherrlich. Als ob regimetreue Deutsche damals eine Wahl gehabt hätten. Als ob unsere »besorgten Bürger« inmitten von Sirenengeheul und Gewehrschüssen mutig wären. Ausgerechnet sie, die sich nachts nicht mehr auf die Straße trauen, weil dort dunkelhäutige Menschen entlanggehen. Ausgerechnet sie, die überall Gefahren sehen. Auch da, wo keine sind.

3. RECHTSCHRAIPUNG UND ANDERE HINTERNISSE

Woran denken Sie, wenn Sie die Worte »Nazis« und »Sprache« hören? Vielleicht an die Rhetorik des Dritten Reichs. An die Reden, mit denen Joseph Goebbels die Massen aufstachelte. An Macht und Manipulation und an die unheimliche Kraft der Worte.

Doch eigentlich war das Sprachvermögen der Nationalsozialisten gar nicht so überragend. Das habe ich spätestens im Rhetorikstudium gelernt. Die meisten Begriffe aus der NS-Ideologie gab es schon davor. Die Nazis haben sie nur geschickt mit neuer Bedeutung aufgeladen. Die Verehrung der »Arier« und der »Germanen« stammte aus der nordischen Mythologie. Schon der Schriftsteller Theodor Fontane sprach davon, dass die Insel Borkum »judenrein« sei, und den Begriff »Entartung« prägte 1892 ausgerechnet ein jüdischer Arzt.[19]

Viele Tricks sind aus heutiger Sicht sehr durchschaubar. Martialische Metaphern (»Arbeitsschlacht«), absurde Superlative (»totaler«, »radikaler«, »unerschütterlicher«) und stän-

---

19 Vgl. Schlosser: Sprache unterm Hakenkreuz.

dige Wiederholungen sollten den Deutschen die Ideologie gedanklich einprügeln. Es war eine »grundsätzliche Verarmung der Sprache«, schreibt Horst Dieter Schlosser, der die NS-Rhetorik in seinem Buch »Sprache unterm Hakenkreuz« erklärt.[20] Die Nazis hatten nur deshalb Erfolg, weil ihnen die Mehrheit der Deutschen diesen Stumpfsinn abnahm. Auch Schlosser spricht von einem »grundsätzlichen Antiintellektualismus«, der die Massen emotionalisieren und benebeln sollte. Und genau das ist heute wieder ein Problem: die aufgestachelte, unkritische Masse.

Wir haben es auch 2015 nicht mit einer geheimnisvollen und manipulativen Rhetorik zu tun. Nein, viele der Kommentare in den sozialen Netzwerken zeugen von einer geistigen Beschränktheit, die keinen Tiefpunkt kennt. Es ist kaum zu glauben, was für ein Sprach- und Gedankendurchfall unter den neuen deutschen Hassbürgern grassiert. Die Facebook-Seite »Hooligans gegen Satzbau« sammelt solche Kommentare von Ausländerhassern und veröffentlicht sie – zusammen mit Korrekturanregungen. Die Ergebnisse sind sehr amüsant. Die Macher der Seite wollen sich aber nicht nur über die Nutzer lustig machen. Sie sehen es als ihre Mission an, über Fremdenfeindlichkeit aufzuklären. »Die Unwissenheit, Ignoranz und Dummheit sind es, die es schaffen, Massen für sich zu begeistern. Wir halten dagegen, denn es soll nie wieder jemand sagen können, man hätte von nichts gewusst«, sagen sie. Hier sind einige der dämlichsten Kommentare, die von »Hooligans gegen Satzbau« gesammelt wurden. Angesichts dieser Blödheit bekommt das Wort »Nazirhetorik« eine völlig neue Dimension.

20   Ebd.

F. M.

Weiter so von solchen Menschen die sich so was getrauen gibt es leider viel zu wenige. Es müssen alle auf die Straße aber net mehr friedlich und mit plakaten u.s.w . Sondern mit Mistkabeln und Knüppeln.

Vor 21 Stunden gepostet · 8 Gefällt mir

R. Z.

Ja bloß dann begeben wir uns auf das nivo der antifa herab ich mein wenns nach mir geht alle Kanaken raus egal wie hauptsache raus und die linken gleich Hinter her mit ihren dumen Sprüchen ‚nie wieder Deutschland « ich meine hallo mein Motto
WER DEUTSCHLAND NICHT LIEBT SOLL DEUTSCHLAND VERLASSEN

Vor 17 Minuten gepostet · 1 Gefällt mir

H. B.

Herr Bachmann sie sollten mal ein Bus Organieren und einige Bunte Leute nehmen wer sich überhaupt traut und dann nach Schweden, Frankreich oder so hin fahren und die Leute dann genau da aussetzt wo sehr Viele Moslems sind dann will ich sehen wie lang die noch Bunt denken das was aber richtig erschreckend ist wie Schweden da wo ich mal einen bestimmten Artikel gelesen habe ......

Vor 24 Minuten gepostet · 1 Gefällt mir

B. N. hat die Gruppenbeschreibung aktualisiert.
Herzlich Willkommen auf der Seite der Haneuer Pat-
riorisiten. Wir sind gegen den Islamisierungs von Unseren Land BZW. Stadt.
Gepostet am 13. Januar · 1 Gefällt mir 👍 · 26 haben es
gesehen

A. F.
leider ist vielen nicht bewusst warum man auf die
strasse geht. sorry ich bin kein nazi, linker oder rechter. ich bin dafür das es erstmal einen deutschen gut
geht und nicht einen scheinasylanten, darum raus aus
unsen staat der eine straftat, der eine sekte, oder der
eine islam.grupierung angehört. raus aus deutschland mit dem ......assis
Gestern um 19:35 · 1 Gefällt mir 👍

N. J.
Du hast garnichts uwe und andere kommenhier
her und bekommen alles in ihren schiess arsch ge-
steckt wo bite ich die deute gerechtig geit geblieben aber mit der regierung IST E<ALLES VIEL ZU-
SPÄTTTTTTTTTTTTTTTTTTTT
Montag um 20:46 · 5 Gefällt mir 👍

P. S.
Adolf wurd als man vom time oft he jear gewählt..des-
wegen Charlie Chaplins Reaktion..Deutschland ade
oder was..f.o.
Vor 3 Stunden gepostet

W. B.

Schuld ist in unserem system, das soche auslän-
der, wie « AFRIKA «, hier noch fuß fassen darf, wir
DEUTSCHEN dürfen dann noch dem MÜLL vor den
ASYLBEWERBERHEIMEN weg reumen, wir DEIT-
SCHE werden als SKLAVEN abgestempelt, wärend
die POLITIK zu schaut, und uns AUSLACHT das sind
« WARE WORTE «
12. Mai um 08:37

R. H.

bald erklähren uns die muslimisten deutschlandt
den krieg. erst werden frauen unterdrückt, kinder ge-
schendet und dann kommt der jihat auf alle die für
deutsche wehrte stehen. Wir sind die dichter und
denker hier. arbeiten hart und ausländer nehmen die
jobs. und wenn sie nicht jobs klauen dann schmarot-
zen sie rum. beim kopftuch fängts an!!!!! deutschland
auferstanden aus roinen für deutsche! #dresden45_
never_4get
Vor 3 Stunden

K. S.

Unsere Regierung wird erst wach, K. S., wenn sie vor
die Wahl geschdelld wird, zum Islam zu konfitüren
oder Kopp ab! - Meine ganz persönliche Meinung!
31. März um 18:33

B. Z.

wir brauchen keine ausländer mehr,,ein ardolf mus
wieder an der macht,,jetzt nicht so wie damals aber
ausländer raus

Gestern um 18:21 gepostet · 11 Gefällt mir 👍

O. E.

Wie sol das Emden

Samstag um 21:22 · 1 Gefällt mir 👍

P. U.

Ihr merkt nichts und seid absolut fehlinformatiert

Gestern um 20:34 · 3 Gefällt mir 👍

M. I.

Das ist schön die deutschen Familien kriegen nicht.
Ein firtel danke ihr Politiker (feräter des deutschen
Volkes)

Vor 3 Stunden gepostet

K. T.

1945 hat d verloren nun gibt es kein d mehr es ist
eine juristische Fickzion es ist eine Bundesrepublik
der Banken mehr nicht eine eingehämmerte Fickzion

Vor 10 Stunden gepostet · 6 Gefällt mir 👍 · 1 Kommentar

V. M.

is nen fitz oder was,

Montag um 09:55

G. O.

Richtig so ,es giebt sie noch die gescheiten mit gribbs in der Birne.

Dienstag um 14:54 · 13 Gefällt mir 👍

E. A.

Nicht jammern hanteln

Sonntag um 20:03 · 4 Gefällt mir 👍

H. D.

Hallo Tatjana!Nicht nur inLeipzig ist das so.auch much härtester son Link faschoistoideBelämmerte Tussi in Ottakrinvalids ottatürkkleinistanbuldschibutistan mitdenWorten duScheissNazi attackiert.in Deutschland alsauch in ÖSTERREICH WERDEN diese linkenRattenzecken von den schariasozialisten Vorgeschichte und finanziert.aber auch von den Grünen Kinderschändern die die MuslkackezwecksStimmenfang unterstützen:LG:nachLeipzig vom ateirischem Ennstaler im Dreiländereck Ottatürkkleinistandbuldschibuts wo Viel zuviele Tschwtschenen Erdoschwein Türken ialamistenund schwarzvermummte dank derSchariasozis san !!!

Gestern um 21:53 · 1 Gefällt mir 👍

S. V.
Diktatur haben wir doch längst.! Unsere Regierung
führen Krieg ! gegen die Eigene Befölkerung. !! Pffui
»Dennen ist es egal wenn keiner Kinder oder Famie-
lie Gründet .!! Die« von der Leyen« Sagte :Wenn die
deutschen sich keine Kinder anschaffen. ! Ist nicht
schlimm:Die Befölkerung wird it Ausländer kommpen-
sierdt.!!Da war sie FAMIELIENMINISTERRIN.!! Pfui
!! Durch die Situation im land rotten wir uns selber
aus!!!!!
Gestern um 19:26 · 28 Gefällt mir 👍

B. M.
Haha Antifa. ..wir kriegen euch ihr linkes Komponis-
ten pack
Gestern um 22:24 · 5 Gefällt mir 👍

Sorry meine komonisten
Vor 6 Stunden gepostet · 1 Gefällt mir 👍

4. REALITY-TV – ODER DER UNTERGANG DES ABENDLANDES

Wenn man von der Verblödung unserer Gesellschaft spricht, kommt vielen Menschen das Fernsehen in den Sinn. Und tatsächlich: Zappen Sie einmal nachmittags durch die Privatsender, und Sie sind dem Untergang ganz nah. Daniela steckt im Klo fest. Die übergewichtige 28-Jährige wollte das Bad dekorieren und ist dabei ausgerutscht. Daniela ist Protagonistin in der RTL-Sendung »Mitten im Leben«. Die Kamera begleitet sie in ihrem Alltag und nimmt alles auf. Danielas Freund Dirk muss sie befreien. »Bin ich Klempner, oder was? Boah, nee«, motzt er. »Sammal, wie sieht denn der Pott aus«, fragt er und zeigt auf die verdreckte Kloschüssel. »Das kommt bestimmt von der Ravioli, die du immer frisst.«

Die Pseudodoku »Mitten im Leben« wurde inzwischen abgesetzt. Doch es kommen immer wieder neue Formate nach, die genauso funktionieren: Wenn Dirk die dicke und ungeschickte Daniela beschimpft, kann der Zuschauer auf der Couch mitgrölen. Und dabei seine eigenen Probleme vergessen.

Dokusoaps und Scripted Reality haben sich seit Anfang der 2000er auf fast allen Kanälen breitgemacht. »Frauentausch«,

»Verdachtsfälle«, »Familien im Brennpunkt«, »Betrugsfälle«, »Berlin – Tag & Nacht«, »Achtung Kontrolle! – Die Topstories der Ordnungshüter«, »Schwer verliebt«, »Die Trovatos« – die Liste ist endlos. Die Sendungen sind so dämlich, erniedrigend und beschämend, dass es kaum zu ertragen ist. Und trotzdem stimmt die Quote. Was passiert mit den Menschen, die sich das anschauen? Was passiert mit den Jugendlichen, die damit aufwachsen? Und was war zuerst da: hirnloses Fernsehen oder hirnlose Zuschauer?

Til Schweiger glaubt, dass Pseudodokus einen entscheidenden Anteil an der angespannten Situation in Deutschland haben. Nachdem fremdenfeindliche Facebook-Nutzer den Schauspieler wegen seines Engagements für Flüchtlinge beschimpft hatten, sagte er in einem Interview mit den Tagesthemen:

»Wir haben eine Menge Leute, die nicht nachdenken, weil sie keine Fantasie haben. Weil sie den ganzen Tag vor dem Fernseher sitzen und in irgendwelchen Reality-Show sehen, wie sich irgendwelche Leute gegenseitig beleidigen, runtermachen, dissen, und das prallt nicht an einem ab. Also, ich finde, das deutsche Fernsehen trägt dazu bei, dass die Leute so abgestumpft sind.«

Schweiger hat recht. Reality-TV macht tatsächlich aggressiv, das zeigen mehrere Studien.[21] Die Wirkung ist sogar stärker als bei brutalen Gewaltszenen in fiktionalen Serien und Filmen.

---

21 Sarah M. Coyne, Simon L. Robinson, David A. Nelson: Does reality backbite? Physical, verbal, and relational aggression in reality television programs. Brigham Young University 2010. Journal of Broadcasting & Electronic Media, Bd. 24, Ausgabe 2. London 2010. Und: Bryan Gybson, Jody Thompson, Beini Hou und Brad J. Bushman: Just »Harmless Entertainment«? Effects of Surveillance Reality-TV on Physical Aggression. Central Michigan University. Psychology of Popular Media Culture, Aug 18, 2014. Washington, DC, 2014.

Das liegt daran, dass die Zuschauer glauben, reales Verhalten zu sehen. In Reality-Formaten werden fast doppelt so viele aggressive Handlungen dargestellt wie in fiktionalen Fernsehsendungen. Dazu gehören nicht nur körperliche Angriffe, auch Beschimpfungen und Spott sind Formen der Gewalt. Und in Pseudodokus wirken sie plötzlich ganz normal und sogar erwünscht. Da die Zuschauer stets krassere Reize brauchen, dreht sich die Spirale immer tiefer in den Abgrund. Die Handlungen der meisten Sendungen sind mittlerweile so absurd, dass sie mit der Realität schon lange nichts mehr zu tun haben. Vor Kurzem verbreitete sich die Zusammenfassung einer älteren Folge von »Richterin Barbara Salesch« im Internet. Die Sendung hatte es geschafft, zu ihrer eigenen Satire zu werden:

»Auf der Geburtstagsfeier ihres Ehemanns bricht Sabine plötzlich zusammen, als der handygesteuerte Vibrator, den sie an dem Abend benutzt, durch einen Anruf aktiviert wird. Das Heimtückische: Der Vibrator ist zuvor mit tödlichem Schlangengift manipuliert worden! Allerdings ist es nicht Sabines eigener Vibrator, sondern der ihrer besten Freundin Anna. Hat Anna ihre Freundin umgebracht, oder handelt es sich um eine tragische Verwechslung?«

Es ist schon erstaunlich. Von Journalisten und Politikern fühlen sich die Hassbürger »verarscht«, aber die große Reality-Lüge schlucken sie begierig. Diese Sendungen entstanden schließlich aus der Sehnsucht nach Authentizität. In der glatt geschliffenen und inszenierten Welt des Konsums wollten die Zuschauer endlich etwas Echtes sehen. Reality-TV gaukelt ihnen vor, Menschen »mitten aus dem Leben« zu sehen. Intime Einblicke in das Private. Wahre Schicksale. Dabei ist längst bekannt, dass die Protagonisten gecastete Laiendarsteller sind und die Handlung nach Drehbuch verläuft. Brot und Spiele für das Proletariat.

Die meisten Zuschauer erkennen, dass Scripted-Reality-Formate gespielt sind, wie eine Umfrage des Marktforschungsinstituts Ipsos für die Sendung »Panorama« zeigte. Doch das macht ihnen nichts aus. Sie halten die dargestellten Szenen für glaubwürdig und realitätsnah. Kinder und Jugendliche haben Probleme, bei den Sendungen zwischen Realität und Fiktion zu unterscheiden. Etwa die Hälfte der Sechs- bis 18-Jährigen glaubt, dass sie echte Fälle zeigen. Das ergab eine Umfrage der Gesellschaft zur Förderung des internationalen Jugend- und Bildungsfernsehens.

Eine Bekannte von mir machte vor ein paar Jahren ein Praktikum in der Redaktion einer bekannten Pseudodoku. Sie sollte Drehbücher schreiben, denn die Produzenten brauchten immer neuen Stoff. »Die Storys müssen so dumm sein wie die Leute, die das gucken«, sagte der Chef. Abwegig sei genau richtig. Und immer schön die Klischees bedienen. Dabei kam dann ein Rollenprofil heraus wie das Folgende:

»Chantal Schwakowski kommt aus dem Ruhrpott. Hauptschulabbrecherin, Kettenraucherin, schwanger mit 17. Sie hat Stress mit ihrem Freund.«

Anhand dieser Kriterien suchte die Castingabteilung nach passenden Kandidaten. Zurück kamen Castingbögen, die mit Kommentaren versehen waren wie: »Ist dick.« Oder: »Ist wirklich so dumm wie die Figur, die sie spielen soll.« Oder: »Muss man nicht einmal mit Garderobe ausstatten, hat genau den richtigen asozialen Style.«

Dieses Bild bestätigt auch eine Castingagentin, die mit der »Zeit« sprach. Ihre Worte sind schonungslos: Die Lebenswelten, aus denen die Laiendarsteller stammten, entsprächen stets denen ihrer Charaktere, den »gehirnamputierten Hartz-IV-Empfängern«. 30 Euro bekämen die oft arbeitslosen Laiendarsteller für drei Drehtage, erzählte meine Bekannte. Reisekosten würden nicht erstattet. Wegen des Geldes machen sie also nicht mit. Warum dann? Vielleicht in der aussichtslosen Hoffnung auf ein bisschen Ruhm? Dies ist eine Industrie, die von der Dummheit der Beteiligten lebt.

Droht uns durch Reality-TV die intellektuelle Verwahrlosung? Der Soziologe Paul Nolte prägte in seinem Buch »Generation Reform« den Begriff des »Unterschichtenfernsehens«, der von Harald Schmidt aufgegriffen wurde. Der wissenschaftlichere und wahrscheinlich auch treffendere Begriff ist übrigens »Affektfernsehen«. Die Mechanismen dahinter sind aber die gleichen. Die niederen Gefühle sollen bedient werden: Wut, Hass, Hohn. Der Zuschauer aus der Unterschicht finde seine eigene Welt in diesen Sendungen eins zu eins dargestellt, sagte Nolte der »Zeit«. Es gebe kein Entrinnen. Nun, theoretisch schön: Man könnte einfach umschalten.

Das Traurige ist, dass das Publikum diesem Elend offenbar gar nicht entkommen will. »Früher war die Aufstiegs- und Bildungsbereitschaft gerade im unteren Gesellschaftsbereich wesentlich größer«, sagt Nolte in einem Gespräch mit dem »Hamburger Abendblatt«. »Jetzt bewegen sich die Gruppen gerne in ihrem jeweiligen Niveaufeld.«

Durch Pseudodokus kann sich der Zuschauer einreden, dass es ihm selbst gar nicht so schlecht geht. Jedenfalls besser als den peinlichen Gestalten im Fernsehen. Castingagenturen suchen gezielt Protagonisten, denen sich das Publikum überlegen fühlt. Stark Übergewichtige. Menschen mit Sprachfehlern. Menschen, die vor der Kamera ungelenk und dilettantisch auftreten. Dieser Blick nach unten ist es, der dem Zuschauer Bestätigung verschafft. Der ihm jedes Bedürfnis nimmt, sich weiterzubilden und nach vorn zu sehen. Es ist ein Kreislauf der Verblödung. Und was das Fernsehen angefangen hat, führt das Internet nun fort.

5. DAS NEUE AGGROTUM

Das Internet hat unsere Kommunikation verändert. Es gibt so viele Möglichkeiten, sich mitzuteilen: Facebook, Twitter, Instagram, Internetforen, Blogs. Jeder kann seine Meinung sagen. Jeder kann gehört werden. Manchmal passiert es, dass vorher nahezu unbekannte Menschen mit ihren Beiträgen Millionen andere erreichen. So war es zum Beispiel, als eine verzweifelte Familie aus Oldenburg um die Hilfe ihrer Facebook-Freunde bat. Der Autor Kai-Eric Fitzner lag nach einem Schlaganfall im Koma. Da sich der damals 45-Jährige gerade selbstständig gemacht und seine Frau ein Zweitstudium angefangen hatte, war die finanzielle Situation der vierköpfigen Familie sehr schlecht. Fitzners Frau rief deshalb alle Bekannten dazu auf, einen Roman weiterzuempfehlen, den ihr Mann fast zehn Jahre zuvor als Selfpublisher veröffentlicht hatte. »Es ist ein sehr lesenswertes Buch, geistreich, witzig und zum Nachdenken anregend geschrieben – es macht großen Spaß, es zu lesen«, schrieb seine Frau. »Und schickt ihm Kraft und Energie – damit er zurückkommt!« Der Facebook-Beitrag wurde mehr als 21.000-mal geteilt. Und plötzlich stand das Buch »Willkommen am Meer« auf Platz eins der Amazon-Bestseller-Liste. »Das Netz ist ein guter Ort, wenn wir es dazu machen«, sagte der Blogger Johannes Korten, der von der Geschichte erfuhr und sie durch seine Twitter-Aktion #einBuchfuerKai in ganz Deutschland bekannt machte. Es stimmt, das Netz kann ein guter Ort sein, sogar ein wundervoller. Das habe ich durch meinen Beruf schon oft erlebt. Doch das Netz kann auch die Hölle sein. Denn die vermeintliche Anonymität bringt in vielen Menschen eine hässliche Seite hervor. Im Internet ist das innere Biest entfesselt. Es wird beschimpft, beleidigt, gepöbelt. Ohne Rücksicht auf die Gefühle anderer. Ohne Angst vor den Konsequenzen. Das Internet ist ein Ort, an dem die Grundregeln menschlicher Kommunikation für viele nicht mehr gelten. Schließlich wirkt es, als spreche man mit dem Bildschirm. Und nicht mit dem Menschen, der auf der anderen Seite sitzt. Es ist so leicht, jemanden »Du Stück Scheiße« zu nennen, wenn man dabei mit einem Glas Rotwein zu Hause auf der Couch sitzt. Man muss sich die Reaktion des anderen nicht einmal anschauen, wenn man nicht will. Beleidigen, Fenster schließen und nie wieder zurückschauen. Diesen Fluchtreflex habe ich schon oft beobachtet, zum Beispiel, wenn Redaktionen lange Hassmails bekommen, an deren Ende steht: »Antworten Sie nicht.« Kommunikation als Einbahnstraße. Ein reinigendes Auskotzen der eigenen Gedankensuppe.

Es ist eine Bewegung digitaler Proleten entstanden, die sich nun in der Debatte um Flüchtlinge und Zuwanderer austoben können. Sie schreiben üble Beschimpfungen, die sich in der Öffentlichkeit zuvor nur Neonazis auszusprechen trauten: »Dreckspack«, »Elende Tiere«, »Vergasen«, »Ersäuft sie«, und das sind noch die harmlosen Ausdrücke. Einige Leser haben uns geschrieben, dass sie sich nicht mehr trauen, die Kommentarspalten bei Facebook zu lesen, weil dort so widerliche Dinge stehen. Doch die Hasskommentare sind nicht auszumerzen. Es ist, als würde man gegen ein Feuer ankämpfen, das dauernd an neuen Stellen ausbricht. Die Community-Manager der Redaktionen haben Probleme, mit dem Löschen der Kommentare nachzukommen. Und für jeden pöbelnden Nutzer, den man sperrt, meldet sich ein neuer an – wenn nicht sogar der gleiche, nur unter anderem Namen.

Es gibt Menschen, für die das Beleidigen und Hetzen zum Selbstzweck geworden ist. Sie berauschen sich daran, andere gegen sich aufzubringen. Was sie im Netz schreiben, hat mit ihrer eigenen Meinung kaum mehr etwas zu tun. Es geht ihnen nur ums Polarisieren. Pöbeln als Hobby sozusagen.

Einem dieser Trolle ist die junge Lehrerin Megan Davies Mennes aus Texas begegnet. Über das Erlebnis schrieb sie einen Blogbeitrag für die »Huffington Post«. Megan hat einen kleinen Sohn mit Downsyndrom, Quinn. Nach einem idyllischen Sommertag veröffentlichte sie ein Foto von ihm bei Instagram. Quinn ist darauf zu sehen, er spielt im Garten. Die Woche zuvor war er sehr krank gewesen, er leidet öfter unter Atemproblemen.»Es gibt wenige Dinge auf der Welt, die schöner sind: Ich sah mein Kind nach überstandener Krankheit strahlen«, schreibt Megan.»Ich machte ein paar Fotos, um seine Genesung zu feiern.«

Ein Instagram-Nutzer kommentierte eines der Bilder:»Hässlich«, schrieb er nur. Warum? Das weiß wohl nur er selbst. Wie kann man einen kleinen Jungen mit Downsyndrom hässlich nennen? Wie kann man so etwas einer Mutter schreiben, die sich um ihr krankes Kind sorgt? Es sprechen Kälte und Abgebrühtheit aus dem Verhalten des Nutzers. Und es ist klar, dass er nur eines erreichen will: andere provozieren und verletzen. Der Nutzer hat offensichtlich bei Instagram gezielt nach Bildern von Kindern mit Downsyndrom gesucht, sonst hätte er das Foto von Quinn nicht entdeckt.»Sie behaupten, es sei alles nur Spaß und dass sich die Leute lockermachen sollten«, schreibt Megan. »Aber aktiv nach echten Menschen zu suchen, um sie zu hänseln? Das ist mehr als grausam. Das ist unmenschlich.«

Ja, in vielerlei Hinsicht hat das Internet uns unmenschlich gemacht und dadurch den Weg geebnet für die pöbelnden Massen, die Deutschland jetzt heimsuchen. Soziale Netzwerke schüren Hass, Frust und Misstrauen, das ergab eine italienische Studie.[22] Die Forscher befragten 50.000 Menschen und kamen zu einem drastischen Ergebnis: Der Gesamteffekt sozialer Netzwerke sei »signifikant negativ«. Sie erklären sich das aggressive Verhalten damit, dass Nutzer mit sehr gegensätzlichen Meinungen und Weltbildern aufeinandertreffen. Die Kommentierenden gehören unterschiedlichen Religionen und Altersgruppen an, sie kommen aus verschiedenen sozialen Schichten und haben nicht die gleichen ethnischen Hintergründe. Anders als im Alltag könne man sich seine Gesprächspartner im Netz nicht aussuchen, schreiben die Forscher. Konfrontationen im Netz hätten bei vielen Nutzern das soziale Vertrauen erschüttert. Sie sind es gewöhnt, dass die meisten Menschen in Diskussionen zu Fremden höflich seien. Bei Facebook dagegen behandelten Unbekannte einander in einer »aggressiveren und skrupelloseren Weise«. Sie denken weniger daran, dass sie den anderen verletzen könnten. Dabei glauben die Forscher, dass Menschen Beleidigungen im Internet genauso hart treffen wie im Alltag. Sie spüren Angst und Verzweiflung und verlieren das Vertrauen in Fremde. Die Forscher empfehlen Facebook, die Nutzungsrichtlinien zu überarbeiten und härter gegen diskriminierende Kommentare und Hassseiten vorzugehen. Bisher waren bei Facebook nur Inhalte verboten, die zu Straftaten aufrufen oder sich gezielt gegen eine Privatperson richten. »Wir verbieten In-

---

22   Fabio Sabatini, Francesco Sarracino: Online networks and subjective well-being. Rom 2014.

halte, die wir als direkt schädlich erachten, aber wir erlauben Inhalte, die beleidigend oder kontrovers sind«, heißt es in einem offiziellen Statement, das Facebook 2013 veröffentlichte. »Diese Herangehensweise erlaubt uns, weiterhin die Freiheit der Selbstdarstellung zu verteidigen, die Facebook zugrunde liegt.« Die Hassbürger können bei Facebook also weiter wüten. Im September 2015 blieb zum Beispiel tagelang ein Beitrag der Hetzseite »Berlin wehrt sich« online, in dem der tote Aylan verhöhnt wurde. »Wir TRAUERN NICHT sondern wir FEIERN ES«, stand über dem Bild des ertrunkenen Jungen. Erst auf mehrmaliges Drängen der Berliner Zeitung »BZ« löschte Facebook den Post.

Die rassistische Hetze bei Facebook ist seit Herbst 2014 so ausgeartet, dass Bundesjustizminister Heiko Maas dem Unternehmen einen Brief schrieb. Er bat Facebook zu einem Gespräch, »um Möglichkeiten zu erörtern, die Effektivität und Transparenz Ihrer Gemeinschaftsstandards zu verbessern«.

Es wird sicher helfen, solche beleidigenden Inhalte konsequenter zu löschen und gegen die Urheber vorzugehen. Aber es ändert nichts an dem grundlegenden menschlichen Problem, das wir im Internet haben. Unsere Art der Kommunikation wird nie wieder so sein wie früher, dafür hat das Digitale einen zu wichtigen Raum in unserem Leben eingenommen. Im Gegenteil: Wahrscheinlich werden wir in Zukunft noch viel abhängiger von Technologien sein, und sie werden unser Zusammenleben entscheidend mitbestimmen.

Wir müssen Wege finden, das Menschliche auch im virtuellen Bereich zu bewahren. Experten beschäftigen sich intensiv mit diesem Thema. Es gibt zum Beispiel seit Anfang 2014 ein Institut für Digitale Ethik, das von der Hochschule der Medien in Stuttgart gegründet wurde. Dort setzen sich Wissenschaftler mit der Frage auseinander, wie man im Internet gutes Verhalten zeigen kann. »Das heißt, den anderen wertzuschätzen und seine Position zu verstehen«, erklärte mir die Institutsleiterin Petra Grimm, Professorin für Medienforschung und Kommunikationswissenschaft. Vielen Hassbürgern ist nicht klar, dass da am anderen Ende ein Mensch sitzt. Jemand, der Gefühle hat und der sich wehren kann. Ich bekam vor einigen Monaten eine wütende Nachricht von einer Nutzerin, nachdem ich in einem Artikel Toleranz für Muslime gefordert hatte. Die Nutzerin schrieb mir eine wirre Mail und behauptete, ich würde gegen meine eigenen Leute hetzen. Dann schrieb sie diesen Satz:

>»Ich möchte und das wünsche ich dir von ganzem ganzem Herzen, das du einmal von Ayllanten Überfallen oder von Slafisten Geköpft bzw aus deinem Land vertrieben wirst, man dir deine Heimat nimmt, deine KInder von Kriminellen und sozial schwachen ›Ausländern‹ schikaniert werden und eventuell noch eine dieser Frauen bist die im Dunkeln Vergewaltigt werden.«

Ehrlich gesagt, hat mich das schon gar nicht mehr aufgeregt. Wenn man mich bei Google sucht, ist eines der ersten Ergebnisse ein Eintrag in einem rechten Blog, der mein Foto zeigt und in dem ich als »Medienhure« beschimpft werde. Man härtet ab als Journalist in dieser Zeit. Ich schrieb der Frau zurück, eigentlich nur aus Neugier. Zum einen wollte ich wissen, was ein Slafist ist. Zum anderen interessierte mich, wie sie auf Konfrontation reagieren würde. Ich antwortete:

>»Merken Sie eigentlich selbst, was Sie da schreiben? Dass Sie einem anderen Menschen Gewalt und Leid wünschen, sagt ja wohl alles über Ihren Charakter aus. Ich wünsche Ihnen, dass Sie aus Ihrem Hass herausfinden.«

Ich hätte erwartet, dass weitere Beschimpfungen als Antwort kommen. Oder gar nichts. Aber mit diesem seltsamen Versuch, alles wieder zu relativieren, hatte ich nicht gerechnet:

>>Bitte die zusammenhänge verstehen und nicht irgendeinem Satz raus Interpretieren. Natürlich wünscht man niemanden diese Form der Gewalt aber als aussenstehender wünsche ich ihen diesen Text irgendwann Objektuv betrachten zu können..

Wie bitte? Welche Zusammenhänge, fragte ich mich. Was konnte man an ihrer recht unmissverständlichen Hassmail falsch interpretieren? Ich wollte das als Ausrede nicht akzeptieren und hakte noch einmal nach:

>>Sie können jederzeit gern Ihre Kritik und Ihre Einwände äußern. Aber jemandem ›von Herzen‹ zu wünschen, dass er vergewaltigt wird, das ist in keinem Textzusammenhang dieser Welt in Ordnung. Denn der Satz behält seine Bedeutung, egal, was davor und was danach steht.<<

Es passierte, was oft passiert, wenn Onlinepöbler mit ihren eigenen Aussagen konfrontiert werden. Hilflos versuchte die Frau zurückzurudern und behauptete plötzlich, dass es ja alles nicht so gemeint gewesen sei:

>>Habe ees ja gerade erklärt. Es war frei erfunden und sollte zum Verständnis dienen, wie man sieht können sie wohl auch als Redakteuren einer Zeitung nicht zu sich selbst Objektiv sein.<<

Ach, das war am Ende alles eine Metapher? Ein Gleichnis vielleicht sogar? Ich würde lachen, wenn es nicht so traurig wäre.

Wenig später löschte die Nutzerin übrigens ihr Profil bei Facebook. Erst schimpfen, dann denken. Das scheint das Motto solcher Menschen zu sein. Ein neues Aggrotum ist in Deutschland entstanden. Und leider hat es sich schon längst aus dem virtuellen Raum in die Wirklichkeit verlagert. Lange Zeit wurde der Fremdenhass unterschätzt, weil er nur bei Facebook stattzufinden schien. Ein paar arme Irre, die im Internet pöbeln. Doch die vergangenen Monate haben gezeigt, dass die sozialen Netzwerke der ideale Ort sind, an dem sich solche Bewegungen zusammenrotten können. Im arabischen Frühling verhalf Facebook der Freiheit Gehör, jetzt bringt es den Hass auf die Straßen.

Wir dürfen nicht vergessen, dass die Pegida-Bewegung als Facebook-Gruppe angefangen hat. Erst verabredeten sich dort ein paar Hundert Menschen zu den harmlos klingenden »Spaziergängen«. Und dann marschierten plötzlich 25.000. Früher musste viel passieren, bevor sich ein normaler Bürger aus dem sicheren Wohnzimmer auf die Straße wagte, um zu demonstrieren. Jetzt ist die Schwelle so niedrig wie nie, denn Interessierte können sich vorher wochenlang bei Facebook mit anderen austauschen. Sie merken: Aha, es denken ja viele so wie ich!

Pegida ist zwar heute kein Thema mehr. Dafür hat sich das Phänomen schnell auf die Antiasylgruppen verlagert, die zu Demos vor Flüchtlingsunterkünften aufrufen. »Heute ist ein entscheidender Tag für Freital! ALLE GEMEINSAM AUF DIE STRASSE. Nehmt alle eure Nachbarn mit und zeigt den Vertretern der Regierung das ihr nicht mit ihrer Politik einverstanden seit«, heißt es zum Beispiel auf der Facebook-Seite »Freital wehrt sich. Nein zum Hotelheim«.

Wer glaubt, bei den Kundgebungen gehe es gesitteter zu als in den Facebook-Kommentaren, der irrt sich. Denn inzwischen

scheinen alle Hemmungen gefallen zu sein. Die Hassbürger haben ihre Pöbeleien einfach mit auf die Straße genommen. In Freital erlebte man einige sehr wütende Menschen. Besonders fielen mir eine junge Frau mit pink gefärbten Haaren und ein junger Mann mit Baseballcap auf. Sie versuchten, die Menge mit Parolen aufzuheizen. Das klappte mal mehr, mal weniger gut. »Wer Deutschland nischt liebt, soll Deutschland verlassen«, brüllten sie. Oder: »Kriminelle Ausländer? Raus! Kriminelle Ausländer? Raus! Und der Rest? Raus! Raus! Raus!«
Und immer wieder: »Lüüüüügenpresse! Lüüüüügenpresse! Lüüüüügenpresse! Lüüüüügenpresse! Lüüüüügenpresse! Lüüüüügenpresse! Lüüüüügenpresse! Lüüüüügenpresse! Lüüüüügenpresse! Lüüüüügenpresse! Lüüüüügenpresse! Lüüüüügenpresse! Lüüüüügenpresse! Lüüüüügenpresse! Lüüüüügenpresse! Lüüüüügenpresse!«
Die ganze Zeit hantierten sie mit einer Tröte, die mehr nach Ernie aus der Sesamstraße klang als nach Fußballfanfare. Sie stritten sich sogar darum, wer sie betätigen durfte: »Lass mich auch mal!«»Nein, lass mich!«

»Ich hab mal 'ne ordentliche Frage an die Kollegen dort drübenäää«, brüllte der Baseballcap-Mensch den Gegendemonstranten zu. »Was wollt ihr, dass hier herkommen, oder?« Und immer wieder: Tröööt. Tröööt. Zeitweise fragte ich mich, ob das überhaupt eine echte Freital-Demo war oder eine Satire der »Heute-Show«.

Doch dann wurde es unheimlich. Rechtsextreme marschierten auf. Gestalten mit kahlen Köpfen und schwarzen Kapuzenpullovern. Es waren viele. Sie riefen »Sieg heil« und »Deutsche Propaganda«. Zusammen klangen sie wie ein ganzes Fußballstadion. Mir lief ein Schauer über den Rücken.

»Mehr Leude«, jubelte die Göre mit den pinken Haaren. Und in dieser Bemerkung steckte alle Dummheit der »besorgten Bürger«.

Das Internet war erst der Anfang. Die Trolle treiben jetzt auch in der analogen Welt ihr Unwesen. Und sie zögern nicht, uns ihren Hass ins Gesicht zu brüllen. Als Bundeskanzlerin Angela Merkel Ende August eine Flüchtlingsunterkunft in Heidenau besuchte, nahm jemand heimlich auf, was ihr eine junge Demonstrantin zurief. Ich lasse an dieser Stelle den Originalwortlaut für sich sprechen, denn er bringt das neue deutsche Aggrotum auf den Punkt:

»Fotze. Dort is se. Volksverräterin. Du blöde Schlampe. Zeig dein hässliches Gesicht. Du dumme Fotze. Komm ruhig her. Kommt ruhig her. Zeigt eure hässlichen Fressenä. Drecksfotze. Ja, steig ruhig ein in deine hässliche Kutsche. Jetzt fährt se weg, das elende Mistvieh. Los, fahr ruhig weg, du Hure. Du elende Fotze. Du elende Fotze. Verpiss dich. Du elende Fotze. Du elende Fotze. Hure. Huuuure. Huuuure. Verpiss dich. Du Nutte. Fooootze. Dumme Hure.«

6. ICH BIN JA KEIN NAZI, ABER...

Vor nicht allzu langer Zeit traf ich eine Bekannte, die ich sehr mag und die mit Journalismus nichts zu tun hat. Auch nicht mit politischen Debatten und Facebook und dem Wahnsinn, dem ich in den Medien jeden Tag begegne. Es ist für gewöhnlich sehr erholsam, mit ihr zu sprechen. Plötzlich aber fragte sie: »Ist das bei euch mit den Flüchtlingen auch so schlimm?« Ich ahnte schon, was folgen würde, und fragte betont unschuldig, was sie denn meine. Sie erzählte von einer Zeltstadt für Asylbewerber, die jetzt in ihrer kleinen Heimatgemeinde aufgebaut worden sei. Dann gab es kein Halten mehr: Sie sprach ohne Unterlass, so als müsse sie sich ihren Frust von der Seele reden. Beim Arzt würden die Flüchtlinge bevorzugt behandelt werden. Ihre Freundin sei in einem Restaurant belästigt worden. Außerdem habe sie Bilder vom Münchner Hauptbahnhof gesehen, der ja jetzt ausschaue »wie Sau«.

Dann kam der Satz, den ich in dieser Form schon unzählige Male gehört und gelesen hatte. So oft, dass er bei mir einen Würgereiz auslöst. Meine Bekannte sagte: »Ich habe ja nichts gegen Ausländer, aber die sollen sich hier nicht so unverschämt aufführen.« Mein inneres Bullshit-Bingo bimmelte frenetisch. »NEIN!«, dachte ich. »Nicht sie auch noch!« Ich fühlte mich wie die Protagonistin in einem Horrorfilm. Sie wissen schon: wenn sie entdeckt, dass sich ihre Schwester oder ihr Freund mit dem Zombie-Virus infiziert hat, der die Weltbevölkerung auszulöschen droht. In meinem persönlichen Horrorfilm macht der Virus die Menschen zu hirnlosen »Ich bin ja kein Nazi, aber ...«-Zombies, die immer die gleichen Phrasen wiederholen. »Ich bin ja kein Nazi, aber ...« oder »Ich bin ja kein Rassist, aber ...« scheint zum Mantra der neuen Hassbürger geworden zu sein. Sie betonen das so oft, das sie sich dadurch erst recht verdächtig machen. Dieser Halbsatz ist der jämmerliche Versuch, die eigenen Aussagen zu relativieren. Aussagen, wie der Tumblr-Blog »Ich bin kein Rassist, aber ...« sie gesammelt hat:

»Sorry will klar stellen das ich KEIN rassist bin aber es gibt menschen rassen die fressen alles gehen mit anderen lebewesen um wie dreck vermehren sich selber wie karnickel.«

»Ich bin kein Nazi. Doch ich bin der Meinung das jeder Kinderficker und Vergewaltiger sofort erschossen werden sollte. Weiterhin gehört jeder ›Ausländer‹, der sich hier in Deutschland Strafbar macht, Drogen verkauft, Ehrenmorde begeht, sofort mit einem Betonklotz in der Elbe versenkt.«

»Ich mein ich bin kein Türkenhasser nein das bin ich nicht!!!! Aber was heutzutage auf deutschen Straßen los ist.. Als Einzelperson durch einen Bezirk wie Gaarden zu laufen ist beängstigend... man muss soo aufpassen das einem kein messer von nen schwarzem oder türken an den hals gehalten wird.«

Der Journalist Enno Lenze, früher Mitglied der Piratenpartei, hat mit den Menschen abgerechnet, die sich hinter solchen Floskeln verstecken. In einer Videobotschaft sagte er: »Nach dem ›aber‹ kommt nichts Sinnvolles mehr. Und wenn ihr so einen Satz baut, dann seid ihr Rassisten, und dann seid ihr unter Umständen Neonazis, und dann seid ihr einfach echtes Pack.« Diese Heuchelei ist mir schon oft bei Ausländerhassern aufgefallen. Ihre Meinung an sich ist schon schlimm genug. Aber warum können sie nicht wenigstens dazu stehen? Vielleicht liegt es daran, dass sie sich selbst noch nicht eingestanden haben, fremdenfeindlich zu sein. Die »Mitte«-Studie der Universität Leipzig hat 2014 einen interessanten Trend festgestellt. Die rechtsextremen Einstellungen in Deutschland seien zurückgegangen, verkündeten die Forscher. Dafür sei der Hass gegen bestimmte Gruppen wie Muslime, Asylbewerber und Sinti und Roma viel größer geworden. Das wirkt zunächst widersprüchlich. Doch es gibt eine Erklärung. »In solchen Umfragen antworten die Teilnehmer oft so, wie es gesellschaftlich erwünscht ist«, sagt Elmar Brähler, Mitautor der Studie. Fremdenfeindliche Einstellungen seien viel stärker verbreitet, als zugegeben werde. Als generell fremdenfeindlich gilt jedoch niemand gern. Die meisten Menschen wissen, dass das moralisch falsch ist. Es passt nicht zu dem Bild, das sie von sich selbst haben. Sie sehen sich als rechtschaffene Bürger, als die Guten. Also versuchen sie, sich und andere zu belügen. Über den Islam schimpfen sie dagegen offen. »Muslimen sollte die Zuwanderung nach Deutschland untersagt werden« – das war eine der Aussagen, die die Forscher den Befragten vorlegten. Fröhlich machten 37 Prozent der Deutschen ihr Kreuz bei »trifft voll und ganz zu«. Warum? Weil es jemanden gab, der Vorarbeit geleistet hatte. »Islamfeindlichkeit ist durch Thilo Sarrazin gesellschaftsfähig geworden«, sagt Brähler. Es scheint plötzlich in Ordnung zu sein, Vorurteile gegenüber Muslimen zu haben.

Nicola Frank, wissenschaftliche Mitarbeiterin der Gesellschaft für deutsche Sprache, erklärt die »Ich bin ja kein Nazi, aber ...«-Strategie so: »Man will sich für eine bestimmte Aussage, die man trifft, nicht verbürgen. Man kann dazu eigentlich nichts sagen. Und es wäre viel härter, solch eine Aussage direkt zu treffen«, sagte Frank dem Portal »jetzt.de«.[23] Mit anderen Worten: Die »besorgten Bürger« fürchten sich nicht vor der eigenen Courage, sondern vor ihrem eigenen Hass. Die Fremdenfeindlichkeit hat sich verkleidet und kommt jetzt im Gewand der Bürgerlichkeit daher. Wer würde zum Beispiel hinter einer Facebook-Gruppe mit dem Namen »Heidenau-Hört zu« Böses vermuten? Das klingt doch eher nach Gesprächsrunden bei Kaffee und Kuchen. Nach Verständnis. Nach dem Versprechen: Wir nehmen euch ernst, ihr armen, missverstandenen Bürger. In Wahrheit handelt es sich dabei um eine Antiasylinitiative, die Beiträge des NPD-Politikers Rico Rentzsch teilt und dazu aufruft, der NPD beizutreten. »Wir setzen heute wieder friedlich ein Zeichen«, hatte die Seite Ende August bei Facebook angekündigt. Hunderte Menschen versammelten sich daraufhin vor dem ehemaligen Baumarkt, in dem Asylbewerber untergebracht wurden. Sie riefen: »Deutschland den Deutschen!« Sie warfen Steine, Flaschen und Böller. Zeugen berichteten, dass die Menge stark alkoholisiert gewesen sei. 31 Polizisten wurden verletzt. »Das gesamte Heidenau-Hört-zu-Team distanziert sich von den Vorfällen dieser Nacht«, hieß es später. Damit der »besorgte Bürger« guten Gewissens weiterhetzen kann.

Julia Schramm, die Präventionsarbeit bei der Initiative no-nazis.net leistet, hat dieses Phänomen der Verharmlosung genauer beobachtet. »Es gibt viele Menschen, die sich angesprochen fühlen, wenn ihnen jemand sagt: Das ist doch euer Recht, be-

23   Katharina Elsner: Ich bin kein Rassist, aber ..., Jetzt.de, 13.01.2014.

sorgt zu sein als Bürger, wenn Flüchtlinge in euren Ort kommen«, sagte sie dem Portal »Wired«.[24] Dies sei eine Umdeutung bestimmter Diskurse und diene der Verschleierung. Schramm spricht von einer bürgerlichen Patina, die aufrechterhalten werden soll. »Wenn auf Facebook jemand in einer Gruppe etwas postet, das nach dem Volksverhetzungsparagrafen auch strafrechtlich relevant ist, wird sofort darauf hingewiesen: Lösch das, oder ich lösche das, das ist nicht das Wording, das wir benutzen.«

Von »Ich bin ja kein Nazi, aber …« ist es nicht weit bis: »Natürlich ist es nicht gut, Flüchtlingsheime anzuzünden, aber die Flüchtlinge benehmen sich selbst nicht besser.« »Aber« ist das Lieblingswort der »besorgten Bürger«, der schmallippige Widerspruch, mit dem sie jedes Argument abschmettern. Ständig fühlen sie sich benachteiligt, immer wird ihnen übel mitgespielt. Es ist fast unmöglich, ein vernünftiges Gespräch mit »besorgten Bürgern« zu führen, denn sie verdrehen jeden Sachverhalt so lange, bis er zu ihrer Meinung passt. Dieses Phänomen hat einen Namen – und eine lange Tradition. Der sogenannte Whataboutism ist eine Kommunikationsstrategie. Die Bezeichnung setzt sich zusammen aus dem Ausdruck »What about« und der Endung »ism«. Im Kalten Krieg beschrieb man so eine Propagandataktik der Sowjetunion. Sobald jemand ein Fehlverhalten des Kremels erwähnte, sollten geschulte Kommunikationsspezialisten mit einem Fehlverhalten der USA kontern. Und das taten sie, jedes einzelne Mal. Auf Kritik reagierten die Russen also zum Beispiel so: »Ja, wir lassen Panzer durch Prag fahren, um die Bevölkerung einzuschüchtern, aber was ist mit der Diskriminierung der amerikanischen Ureinwohner?« Oder: »Nun gut, wir sperren die Ostberliner mit einer Mauer ein. Aber was

---

24   Chris Köver: So setzen die neuen Rechten soziale Medien ein. Wired.de, 06.09. 2015.

ist mit Hiroshima?« Es war so offensichtlich und erwartbar, dass Amerikaner und Russen gleichermaßen Witze darüber machten. Eine Anekdote aus Sowjetzeiten zitiert der Blogger Markus Huber:

»Ein Bürger der USA besucht Moskau. Am Moskauer Hauptbahnhof erklärt ihm der russische Reiseführer, alle 30 Minuten würde hier ein Zug nach Sankt Petersburg, ein Zug nach Wladiwostok und ein Zug nach Kiew fahren. Nach einer Stunde merkt der US Bürger an, dass sie nun seit über einer Stunde hier stünden, aber noch kein einziger Zug in irgendeine Richtung gefahren wäre, worauf der russische Reiseführer antwortete: ›Und ihr seid schlecht zu den Afroamerikanern!‹«

In Zeiten von Internetforen und sozialen Netzwerken erlebt der Whataboutism eine Wiedergeburt. Diese Vorgehensweise ist ein Ablenkungsmanöver, und ein dreistes noch dazu. Dies ist die einzige Strategie, die einem bleibt, wenn die Argumente fehlen. Der Whataboutism ist demnach ideal für alle, die Stimmung gegen Ausländer machen wollen, obwohl die Fakten nicht auf ihrer Seite stehen. Sie glauben, dass sie Unrecht mit Unrecht aufwiegen können. Wenn also Nazis Asylbewerber angreifen, rufen sie:»Aber über linksextreme Gewalt berichtet ihr nicht!« Fremdenfeindliche Menschen kommentieren das Leid der syrischen Flüchtlinge im Libanon so:»In Deutschland haben wir Obdachlose und hungernde Kinder. Mit denen hat niemand Mitleid.« Als ob das eine Elend durch das andere aufgehoben wäre. Das ist es nicht! Es bringt niemandem etwas, Diskussionen auf diese Weise zu führen, denn einer Lösung kommt man dadurch kein Stück näher.

»Das Abfeuern von Whataboutism ersetzt das Denken und die Auseinandersetzung mit dem ursprünglichen Diskussionsthema«, schrieb der Jurist Heinrich Schmitz auf dem Debatten-portal »The European«.[25]

Eine ähnliche Strategie wendeten auch die Verteidiger bei den Nürnberger Prozessen an. Sie wollten die Schuld der NS-Kriegsverbrecher aufwiegen, indem sie von Angriffen und angeblichen Verbrechen der Alliierten sprachen. Vereinfacht gesagt: Ja, es gab den Holocaust, aber die Alliierten haben Dres-den zerstört. Damals hieß das noch nicht Whataboutism, son-dern »Tu quoque«. So nennt man den Versuch, ein Argument zu entkräften, indem man dem Gegner das gleiche Verhalten vorwirft. »Tu quoque« bedeutet im Lateinischen »Du auch« – es ist der Fingerzeig als letzter Ausweg.

Auch in der aktuellen Debatte argumentieren einige Flücht-lingsgegner mit dem Leid der deutschen Bevölkerung im Zwei-ten Weltkrieg. Meine Bekannte zum Beispiel sagte: »Uns Deut-sche wollte damals auch niemand aufnehmen, obwohl die unschuldigen Leute nichts für den Krieg konnten.« Ihr Ver-gleich war absurd. Denn glücklicherweise hat sich in der hu-manitären Hilfe in den vergangenen 70 Jahren einiges getan. Und außerdem wurden deutsche Widerständler sehr wohl im Ausland aufgenommen. Der Whataboutism lässt sich nicht be-kämpfen. Einmal berichteten wir in der »Huffington Post« über einen widerlichen Vorfall in Berlin. Zwei Rechtsextreme hatten eine Frau und ihre Kinder in der U-Bahn mit rassistischen Sprü-chen beleidigt. »Die Familie hatte augenscheinlich wohl einen osteuropäischen Migrationshintergrund«, hieß es im Polizeibe-richt. Einer der stark alkoholisierten Männer öffnete seine Hose und urinierte auf die beiden Kinder, die etwa fünf und 15 Jah-re alt waren. Dann stiegen die Männer aus. Sie wurden gefasst, nachdem Zeugen die Polizei gerufen hatten. Viele Menschen

25   Heinrich Schmitz: Darf ich Ihnen dazu eine Frage stellen! The European, 08.11. 2014.

waren empört. Aber es kamen auch solche Reaktionen: »Das ist unmenschlich, aber genauso unmenschlich ist, wenn eine Frau von einem Asylanten vergewaltigt wird.« Oder: »wieviele ausländer haben hier schon bundesdeutsche ermordet...sogar schwangere junge frauen.....dagegen ist das nur ein kavaliersdelikt...!« Ja, wirklich. Ich konnte es selbst kaum glauben. Was hat das eine mit dem anderen zu tun? Wie kann man eine so abscheuliche Tat rechtfertigen? Das machte uns so wütend, dass wir in einem Artikel mit dieser »Ja, aber«-Kultur abrechneten. Nix aber, schrieben wir. Wenn ein Rechtsextremer auf Kinder uriniert, ist das widerlich. Punkt. Dem kann man eigentlich nichts entgegensetzen, denken Sie? Tja, es dauerte nicht lange, bis ein paar »besorgte Bürger« das Gegenteil bewiesen. Einer von ihnen schrieb: »Stimmt, es ist widerlich und es gibt kein ja und aber, die Flüchtlinge können nix dafür, jedoch muss offen und ehrlich debattiert werden können.« Er war nicht der Einzige. Ein anderer Schlauberger kommentierte: »die meisten hier sind sicherlich nicht gegen asylanten jedoch wie schauts den in deutschland aus über 50 prozent der deutschen leben unter der armutsgrenze warum wird dennen nicht erstmal geholfen.«

Whataboutism ist nicht totzukriegen. Wenn es kein Aber gibt, dann gibt es immer noch ein Jedoch. Oder ein Nichtsdestotrotz. Oder irgendeinen anderen Versuch, vom eigentlichen Thema abzulenken.

Es gibt ein Zitat der Schriftstellerin Chrysta Schyboll, das sehr gut zu diesem Thema passt. Sie schrieb: »Manche Quasselstrippen sind Menschen, die mit leeren Wortgeschossen verheerender sind als alle Armeen der Welt.« Es fliegen gerade eine Menge dieser Geschosse durch die Gegend. Die Diskussionen mögen oft absurd sein, doch das macht sie nicht weniger gefährlich. Denn durch jeden dieser hirnlosen Kommentare fühlen sich irgendwo ein paar Menschen ermutigt in ihrer Engstirnigkeit. In den sozialen Netzwerken hat sich ein Sumpf der immer gleichen Sätze gebildet. Als hätten sich die Hassbürger zu einem Code verabredet. Es geht längst nicht mehr darum, den Gegner argumentativ zu überzeugen. Stattdessen bestätigen sich die Kommentierenden gegenseitig in ihrer festgefahrenen Denkart.

Der Zusammenhang ist unbedeutsam, sie scheinen nur auf eine Gelegenheit zu warten, um ihr festes Arsenal an Kriegsvokabeln anwenden zu können. Dies ist eine neue Form der Propaganda.

7. LÜGENPRESSE UND GAGA-PROPAGANDA

Ein paar Hundert Meter von unserer Redaktion entfernt wohnen Flüchtlinge. Sie zogen im April 2015 in ein ehemaliges Bürogebäude ein. Zuerst wusste ich gar nichts davon, und erst nach einer Weile fielen mir in unserer Straße viele Menschen mit dunkler Hautfarbe auf. Dann hörte ich Kollegen über die Flüchtlingsunterkunft reden und stellte den Zusammenhang her. Lärm, Müll, Randale? Nichts dergleichen. Eines Tages wollte ich mir mittags bei dem Dönerstand um die Ecke eine Cola holen. Mir kam eine Gruppe junger, männlicher Flüchtlinge entgegen. »Hallo«, sagte einer von ihnen. »Hallo«, sagte ich und ging weiter. Auch sie gingen weiter. Das ist auch schon das Schlimmste, das bisher passiert ist, seit die hier wohnen, dachte ich amüsiert. In dem Moment kam mir die Idee für einen Beitrag. Mein Kollege Christoph Asche und ich dokumentierten, wie sehr sich unsere Nachbarschaft durch die Flüchtlinge verändert hatte:

Wir als Huffington Post haben bisher immer positiv über Zuwanderer berichtet. Flüchtlinge sind eine Bereicherung für unser Land, dachten wir. Wir sollen alle willkommen heißen, dachten wir. Ha! Wie töricht wir doch waren! Wie dumm! Wie verblendet! Denn vor ein paar Monaten ist es passiert. Ja, es. In der Straße, in der unsere Büroräume liegen, wurde eine Unterkunft für Asylbewerber eingerichtet. Und das Grauen hielt Einzug in unser Viertel. Das GRAUEN. Nur wenige hundert Meter von uns entfernt wohnen jetzt etwa 90 Flüchtlinge. Aus Nigeria, aus dem Senegal, aus Eritrea. Und sofort machten sie sich in unserem Viertel breit. Es ist einfach unglaublich, was seitdem passiert:

1. Unsere Straße hat sich völlig verändert.

Hier ist sie, unsere Straße, eine Woche nach dem Einzug:

Hier nach zwei Wochen:

So sah sie nach vier Wochen aus:

Und so heute, nach zwei Monaten:

2. Manchmal stehen die Flüchtlinge vor ihrem Gebäude und sprechen miteinander. AM HELLLICHTEN TAG!

3. Es hat seitdem viel öfter geregnet. Manchmal ist es aber auch heißer. Das ist doch kein Zufall!

4. Auch unser Redaktionsgebäude ist total verwüstet:

9. In der Straße wurden schon diese Schilder aufgestellt, um vor in Panik davonlaufenden deutschen Bürgern zu warnen:

10. Niemand traut sich mehr, sein Auto in unserer Straße zu parken. Und wenn, dann stehen nur noch Schrottkarren da:

In diesem Sinne ging der Text weiter. Ich glaube, Sie wissen, worauf wir hinauswollten. Wir bekamen sehr viel positives Feedback von den Lesern. Eine Nutzerin aber war ziemlich empört. Sie schrieb zu Punkt 1: »Das ist doch immer dasselbe Foto, wollt ihr uns verarschen??« Auch eine andere Nutzerin glaubte, uns auf die Schliche gekommen zu sein: »Ach, und da steht immer das gleiche Auto und die Blumen wachsen gar nicht? Lügenpresse!!!!«

Das ist eigentlich ziemlich lustig. Und es ist ein gutes Beispiel für das absurde Misstrauen, das die »besorgten Bürger« den Medien entgegenbringen. Ironie ist nicht jedermanns Sache, klar. Aber diese Nutzer glaubten tatsächlich, dass wir sie täuschen wollten. Und auch noch auf eine derart plumpe Weise. Ich vermute, dass nicht einmal Kim Jong-Un mit so einem

Versuch durchgekommen wäre. Die »besorgten Bürger« werfen den Medien vor, Zahlen zu fälschen, Nachrichten zu erfinden und die Wahrheit zu verdrehen. Und wenn Journalisten aus der Studie einer Universität zitieren, dann haben eben die Wissenschaftler gelogen. Rechtsradikale verprügeln einen Asylbewerber? Frei erfunden. Flüchtlingskinder ertrinken im Mittelmeer? Alles gelogen! Sogar die Polizei steht unter Verdacht, ihre Pressemeldungen zu fälschen. Warum? Na, weil alle Zeitungen gelenkte Staatsmedien sind, die wahlweise von Angela Merkel, den USA oder Israel gesteuert werden, weil sie das einfache Volk täuschen und unterdrücken wollen. Die »besorgten Bürger« zweifeln alles an, was die Presse veröffentlicht. Grundsätzlich. Das klingt zunächst einmal positiv – nach mündigen Bürgern, die nicht alles glauben, was ihnen vorgekaut wird. Es klingt, als sei kritisches Denken in Deutschland weit verbreitet. So stellen es zumindest die »besorgten Bürger« dar. Man könnte es aber auch anders ausdrücken: Alles, was nicht ihrer Meinung entspricht, muss gelogen sein.

»Von wem werdet ihr bezahlt?«, fragen die Hassbürger uns regelmäßig. »Was ihr schreibt, wird euch doch vorgegeben.« Einer nannte uns Redakteure »linksgrünversiffte Speckmadengutmenschen«. Sie fordern, dass wir endlich »objektiv berichten« sollen. Was sie damit aber meinen, ist: Bildet endlich unsere Meinung ab, denn sie ist die einzig richtige. All das erinnert sehr an diesen Satz: »Ungehemmter denn je führt die rote Lügenpresse ihren Verleumdungsfeldzug durch.« Er stammt von Joseph Goebbels. Und Flüchtlingsgegner plappern ihn nach. Es scheint sie nicht einmal zu stören, dass das Wort »Lügenpresse« NS-Jargon ist.

Journalismus ist nie ganz objektiv, das stimmt. Das fängt schon damit an, dass keine Zeitung alles abbilden kann, was auf der Welt passiert. Es muss ausgewählt, gewichtet und eingeordnet werden. Die meisten Redaktionen haben eine Leitlinie. Und es stimmt auch, dass der Großteil der Journalisten mit Rot-Grün sympathisiert.[26] Trotzdem gibt es journalistische Standards, an die sich Redaktionen halten (sollten): Sie geben Quellen an, sie lassen in einem Streitfall beide Seiten zu Wort kommen, sie kennzeichnen Vermutungen und Gerüchte, sie recherchieren mit größtmöglicher Sorgfalt. Kontrollinstanzen wie der deutsche Presserat und Medienkritiker dokumentieren Fehler. Es kommt natürlich vor, dass falsche Informationen veröffentlicht werden – meistens ist Nachlässigkeit der Grund dafür. Und auch wissenschaftliche Studien sind nicht immer seriös. Das heißt aber noch lange nicht, dass deutsche Medien die Öffentlichkeit systematisch täuschen wollen.

Die Heuchelei der »besorgten Bürger« macht mich wütend. Auf der einen Seite werfen sie den Medien bei jeder Gelegenheit Betrug und unsaubere Recherche vor. Auf der anderen Seite glauben sie rechtspopulistischen Blogs wie Pi-News, Netzplanet, allem, was der Kopp-Verlag absondert, und Michael-Mannheimer.net. Diese Seiten veröffentlichen Meldungen, die sich bei näherer Prüfung meist als Quatsch herausstellen. Aber die »besorgten Bürger« verbreiten sie weiter, ohne nachzufragen. Das Portal Netzplanet brachte es besonders in den sozialen Netzwerken zu großem Erfolg. Seine fremdenfeindlichen Texte wurden bei Facebook zeitweise öfter geteilt als die Artikel von »N-tv«, von der »FAZ« und vom »Tagesspiegel«. Bis Facebook den Account von Netzplanet sperrte. Nun verbreiten die anonymen Macher ihre rassistische Propaganda über ihre Webseite. Dort stehen solche absurden Schlagzeilen:

---

26 Siegfried Weischenberg, Maja Malik, Armin Scholl: Journalismus in Deutschland 2005. In: Media Perspektiven 7/2006. Hamburg 2006.

»Zwei Männer mit dunkler Hautfarbe ziehen eine Frau ins Gebüsch«

»20 bis 30 Albaner überfallen Hauptschule, ein Schüler schwer verletzt!«

»Asylforderer will mit Taxi zu Hotel kutschiert werden«

»Flüchtlinge werfen Verpflegungsbeutel einfach weg«

»Ihr dämlichen Gutmenschen schaut euch das an: Vergewaltigung in Bad Kreuznach«

»Österreich: ›Flüchtlinge‹ beschmieren Reisebus mit Kot – Frau an Haaren aus Auto gezerrt«

»Schweden: 12-Jähriger brutal verprügelt von Araber wegen blauen Augen«

»Räumungsklage für 100-Jährigen – aber Asylanten den Hintern vergolden«

Die Strategie von Netzplanet ist klar: Die Macher versuchen systematisch, Flüchtlinge und Zuwanderer als kriminell, gewalttätig und undankbar darzustellen. Gleichzeitig wird das Märchen vom armen, benachteiligten Deutschen verbreitet. Die Geschichten basieren zwar meistens auf wahren Vorfällen, allerdings werden sie kräftig dramatisiert. Und alles, was nicht passt, wird weggelassen. Schauen wir uns zum Beispiel die wahren Hintergründe zu der Zeile »Räumungsklage für 100-Jährigen« an. Der 100-jährige Emil V. ist in einem Pflegeheim untergebracht, das tatsächlich eine Räumungsklage stellte. »RP Online« berichtete zuerst über den Fall. Rente und Pflegeversicherung reichten nicht aus, um die Kosten für die Betreuung des Mannes zu decken. Das Heim hatte keine Wahl. Es muss in solchen Fällen klagen. »Wir müssen auf unsere Liquidität achten«, sagte der Heimleiter »RP Online«. Das heißt aber nicht, dass Emil V. deshalb auf der Straße landete – auch wenn Netzplanet das suggerierte. Denn wenn die Räumungsklage vollstreckt wird, zahlen das Sozialamt oder das Ordnungsamt künftig für die Unterbringung. Der 100-Jährige darf in jedem Fall bleiben.

Ebenso verfälscht ist die Geschichte des Arabers, der einen 12-Jährigen wegen seiner blauen Augen verprügelt haben soll. Zurückverfolgt hat das der gemeinnützige Verein Mimikama, der Internetmissbrauch bekämpft und über Falschmeldungen im Netz aufklärt. Die Meldung sei aus verschiedenen Quellen zusammengebastelt.

Netzplanet verwendete das Foto eines übel zugerichteten blonden Kindes. Es zeigte aber gar nicht den 12-jährigen Jungen aus Schweden, sondern, wie Mimikama herausfand, ein vierjähriges Mädchen aus England, das 2008 von einem Rottweiler angegriffen wurde. Der Artikel selbst basierte lose auf einer Nachricht von 2013, die Mimikama[27] auf einer schwedischen Nachrichtenseite fand: Ein 15-jähriger Arabisch sprechender Junge hatte einen anderen Schüler geohrfeigt, nicht »brutal verprügelt«. Das Alter des anderen Jungen wurde in der Originalquelle nicht genannt. Wie kommt Netzplanet also darauf, dass er 12 Jahre alt sein soll? Außerdem hatte der Arabisch sprechende Junge seinen Mitschüler nicht geschlagen, weil er blaue Augen hatte. Der Junge hatte gesagt: »Ich habe blau-grüne Augen.« Das schwedische »blågrön« klingt jedoch so ähnlich wie eine arabische Beleidigung. Es handelte sich also um ein sprachliches Missverständnis. Das ist natürlich kein Grund, jemanden

---

27   Ralf N.: 12-Jähriger brutal von Araber verprügelt – Oder: Wie bastelt man eine hetzerische Meldung? Mimikama.at. 20.01.2015

zu ohrfeigen, ich will den Vorfall nicht kleinreden. Netzplanet dagegen scheint die eigentliche Nachricht zu harmlos gewesen zu sein. Warum hätte man sonst nachhelfen sollen? Der Täter wurde laut Bericht übrigens zu einer Geldstrafe verurteilt.

Netzplanet wirkt harmlos im Vergleich mit dem größeren und gefährlich gut vernetzten Portal Politically Incorrect, kurz PI News. Bekannt ist die Seite vor allem für ihre Islamfeindlichkeit. Doch auch gegen Flüchtlinge wird gepöbelt.

PI News gibt es seit 2004. Inzwischen erreicht die Seite täglich mehrere zehntausend Besucher. Die Verantwortlichen selbst sprechen von durchschnittlich fast 100.000 Besuchern am Tag im August 2015.[28] Einige Autoren schreiben dort unter Pseudonym, einige mit Klarnamen, zum Beispiel Michael Stürzenberger, Bundesvorsitzender der rechten Partei »Die Freiheit«.

Der ehemalige Autor Jens von Wichtingen beschrieb PI News nach seinem Ausstieg als »sektenähnlich«. In einem Gastbeitrag auf dem Blog des Journalisten Ramon Schack rechnete er 2007 mit dem Portal ab:

> »Man lebt in einer eigenen Welt. Gut und Böse, Schwarz und Weiß. Man nimmt Nachrichten vollkommen anders auf, man fühlt sich im Besitz der Wahrheit. Und alle, die PI kritisieren, haben Unrecht. Gut gemeinte Ratschläge werden ignoriert, die anderen sowieso. Man steigert sich gegenseitig in einen – man kann schon fast sagen – Wahn.«[29]

---

28   PI-News steuert stark auf die 100.000-Besuchermarke zu. Politically Incorrect Notfallblog. 30.08.2015.

29   Jens von Wichtingen: Politically Incorrect. Jens von Wichtingen steigt aus. Ein Gastbeitrag. Ramon-Schack.de, 5.11.2015.

PI News pflegt Kontakte zu Rechtsextremen in Deutschland und in Europa. Sie haben viele unsichtbare Verbündete. Im August 2015 wurden der Seite interne Informationen aus Ermittlungen der Polizei Brandenburg zugespielt, wie die »Potsdamer Neueste Nachrichten« berichteten.[30] Es ging um einen Brand vor der Wohnung einer Flüchtlingsfamilie. Hinter dem Portal steckt eine Bewegung von unheimlicher Dimension. Die »Frankfurter Rundschau« erhielt 2011 Einblick in die bis dahin geheimen Strukturen. Was die Journalisten entdeckten, klingt wie ein Albtraum:

»Dokumente, die unserer Zeitung zugespielt wurden, belegen, dass PI weit mehr ist als eine harmlose Internetseite. Es handelt sich vielmehr um eine Organisation, die zum Teil hochkonspirativ an der Verteufelung einer ganzen Glaubensgemeinschaft arbeitet. Die in einem internationalen Netzwerk von Islamhassern eine entscheidende Rolle spielt.«

Während sich die Autoren von PI News noch den Schein von Seriosität geben, verbreiten die Leser in den Kommentaren ihre Hassparolen. »Anstatt Flüchtlingscamps sollten wir Irrenanstalten bauen und die Irren einsperren«, fordert ein Nutzer. Ein anderer schreibt: »Der Schutz der Grenze ist nur mit scharfen Schüssen möglich.« Über Merkel schimpft einer: »Was macht dieses Ferkel eigentlich noch hier? Ab nach Uruguay mit dir, und lass dich ja nie wieder hier blicken sonst ziehen wir dir deine Hängeeuter noch länger als die jetzt schon sind, die kannst du dann als Kopftuch um deine Irre Birne knoten.«

---

30   René Garzke: Interna der Polizei auf rechtem Blog veröffentlicht. Pnn.de, 28.08. 2015.

In einem Leserkommentar rief ein Nutzer sogar zur Gewalt gegen Muslime auf. Es folgte eine Strafanzeige. Das Amtsgericht Rostock sah es als erwiesen an, dass der ehemalige Landeschef der AfD in Mecklenburg-Vorpommern, Holger Arppe, dahintersteckte. Er wurde im Mai 2015 wegen Volksverhetzung verurteilt. PI München wird seit März 2013 vom bayerischen Verfassungsschutz beobachtet, weil die Münchner Ortsgruppe »pauschale Ängste vor Muslimen« schüre und »alle Muslime als Feinde des Rechtsstaats« verunglimpfe.[31]

Der Kopp-Verlag ist das Leitmedium der Verschwörungstheoretiker. Allein das Verlagsprogramm liest sich wie ein schizophrenes Manifest. Es gibt die Rubriken »Verbotene Archäologie«, »Prophezeiungen«, »Geheimbünde«, »Phänomene«, »Selbstversorgung und Überleben«, »Neue Weltbilder« und »Sakrale Rätsel«. Nach eigenen Aussagen ist es das Ziel des Verlags, »auf unterdrückte Informationen, Entdeckungen und Erfindungen hinzuweisen«. Die Macher glauben, dass der Öffentlichkeit Fakten verschwiegen werden. Dafür würden die Medien zu bestimmten Themen »überberichten« und die Aufmerksamkeit von »wesentlich wichtigeren Berichten« ablenken. Ich lese schon gar nicht mehr weiter, wenn ein Internetnutzer seine Aussagen mit Links des Kopp-Verlags belegt, also mit »Informationen, die Ihnen die Augen öffnen«, wie es auf der Homepage heißt. Ich weiß: Da ist mit Vernunft nichts mehr zu machen. Wer die Artikel des Kopp-Verlags liest, hat sich längst eine Parallelwelt aufgebaut. Das sind Menschen, die im einen Moment Schaum vor dem Mund haben und sich im nächsten ängstlich nach unsichtbaren Verfolgern umschauen.

»Michelle oder Michael: Ist Michelle Obama eine Transe«, titelte der Verlag in einem seiner erfolgreichsten Artikel. US-

---

31   Verfassungsschutzbericht 2013. Bayerisches Staatsministerium des Innern, für Bau und Verkehr.

Präsident Barack Obama sei schwul und seine Frau Michelle in Wirklichkeit ein Mann, hieß es in dem abstrusen Text. Der Autor schürte die Angst vor einer angeblichen Unterwanderung der Gesellschaft durch Homosexuelle. Nicht minder absurd war die These, dass die EHEC-Epidemie 2011 von muslimischen Erntehelfern ausgelöst worden sei. Sie hätten die Felder mit Exkrementen verunreinigt, um den »Fäkalien-Jihad« über Deutschland zu bringen. Alternativ behauptete der Verlag auch, dass die Erreger aus Geheimlaboren stammten, in denen Bakterienstämme gekreuzt worden seien, und zwar im Rahmen eines B-Waffen-Forschungsprojekts der Bundeswehr.

Irgendwo zwischen Alien-Langschädel-Funden in Peru und latentem Ausländerhass geistern die Kopp-Verlag-Autoren umher, und ihre Untergangsfantasien wirken auf erschreckend viele Menschen glaubwürdig. Ein fleißiger Autor ist zum Beispiel der ehemalige »FAZ«-Journalist Udo Ulfkotte, der jetzt mit rechten Thesen über den Islam provoziert und in verschiedenen rechtspopulistischen Bewegungen wie »Bürger in Wut« oder »Pax Europa« aktiv war. Auch in der Flüchtlingsdebatte verbreitet er Verschwörungstheorien. »Traumatisierte Flüchtlinge? So werden wir verarscht«, schreibt er etwa. Ulfkotte zweifelt in dem Artikel an, dass Flüchtlinge aus dem Nahen Osten tatsächlich traumatisiert sind. Gleichzeitig klagt er, dass sich niemand für traumatisierte deutsche Soldaten oder Entwicklungshelfer einsetze.

Das ist der typische Reflex »besorgter Bürger«: Millionen Menschen verlieren ihre Heimat und ihre Angehörigen im Krieg – und die beleidigten Pegida-Fans versuchen, dieses Leid aufzuwiegen, indem sie von den armen, benachteiligten Deutschen schwafeln, die ebenfalls im Krisengebiet waren.

Der Kopp-Verlag spricht im Zusammenhang mit Flüchtlingen von einer »Invasion«. Eine widerliche Schlagzeile lautet: »Migrationswaffe: Der genialste Krieg aller Zeiten«. Sie ahnen schon, worum es geht. Der Autor behauptet, dass die Flüchtlingsströme absichtlich geschaffen worden seien, um den Terror nach Europa zu bringen. Verantwortlich dafür sei der IS, hinter dem – natürlich – die CIA stecke. Das Leid der Flüchtlinge sei nur Propaganda. »Die Schicksale und Geschichten sollen uns moralisch wehrlos machen«, heißt es. »24 Stunden am Tag wird an unser Mitleid und Mitgefühl appelliert, bis man sich nicht mehr dagegen wehren kann.« Ja, wie denn nun? Sind die Flüchtlinge jetzt Wirtschaftsschmarotzer oder Gotteskrieger? Da scheinen sich die Experten vom Kopp-Verlag selbst nicht einig zu sein. Ich warte nur noch auf die Meldung, dass Asylbewerber in Wahrheit außerirdische Mischwesen seien, die uns unterwerfen sollen. Sogar das würden viele »besorgte Bürger« noch eher glauben als die Berichte der etablierten Medien, die nicht in ihr hasserfülltes Weltbild passen. Dankbar schlucken sie jeden Brocken, der ihnen aus der rechtsverschwörerischen Ecke zugeworfen wird. Nur um dann im nächsten Moment »Lügenpresse!« zu brüllen.

8. SIND SIE KLÜGER ALS EIN NAZI? MACHEN SIE DEN TEST!

Es ist faszinierend, mit welcher Scheinheiligkeit die »besorgten Bürger« argumentieren. Sie erwähnen immer wieder die Politik, die Regierung, die EU. Sie lassen sich nicht »verarschen«, sie haben das böse Spiel angeblich längst durchschaut, so ereifern sie sich. Sie schimpfen über einen »korrupten deutschen Staatsapparat« und den »Terrorstaat USA«. Dabei haben die meisten dieser empörten Deutschen keine Ahnung, wovon sie da reden. Das legen Studien zur Allgemeinbildung der Bevölkerung nahe – und deren Ergebnisse sind niederschmetternd. Viele Befragte wussten oft nicht einmal über die einfachsten politischen Vorgänge Bescheid. Auch die Vergangenheit dieses Landes ist ihnen zum größten Teil fremd. Und das, obwohl sie bei jeder Gelegenheit vermeintliche Fakten und Zusammenhänge zitieren, um ihre wirren Thesen zu untermauern. Es ist also im Grunde kein Wunder, dass sie die Fehler von früher wiederholen.

»Menschen, die ihre Geschichte nicht kennen, können auch keine Moral entwickeln. Es sind geschichtslose Wesen, die weder ihre eigene Herkunft noch die ihrer Religion kennen«, sagte der Lektor und Autor Rüdiger Dammann der »Welt«[32]. Er bezog sich dabei hauptsächlich auf die große Zahl von Zuwandererkindern in den Schulen in Neukölln, Moabit und Wedding. Doch es ist ein Fehlschluss, die Unwissenheit auf die Migranten abzuwälzen. Denn die »besorgten Bürger« haben genauso wenig Ahnung von der deutschen Geschichte. Und ausgerechnet sie wollen jetzt ihr Land und ihre Kultur verteidigen. In den Studien schnitten auch und vor allem die Jugendlichen aus Ostdeutschland schlecht ab, obwohl dort der Anteil der Zuwanderer sehr gering ist. Gerade die Ostdeutschen müssten wissen, wie wertvoll und zerbrechlich die Demokratie ist.

DER TEST

Hier finden Sie einige Fragen zu Geschichte, Politik und Zuwanderung, die erschreckend viele Deutsche ratlos zurücklassen. Testen Sie selbst – hätten Sie die richtigen Antworten gekannt?

Wie viele Muslime leben in Deutschland?

A: etwa vier Millionen
B: sieben Millionen
C: mehr als zehn Millionen.

Auflösung: 2014 überschätzten 70 Prozent der Befragten die Zahl der hier lebenden Muslime. Das ergab eine Umfrage des Sachverständigenrats deutscher Stiftungen für Integration und Migration.[33]

---

32   Das gebildete Deutschland schafft sich ab, Reinhard Mohr, Welt.de 17.08.2014.

33   Alex Wittliff: Wie viele Muslime leben in Deutschland? Einschätzungsmuster von Personen mit und ohne Migrationshintergrund. Sachverständigenrat deutscher Stiftungen Integration und Migration. Berlin 2014.

Ein Drittel glaubte sogar, dass es mehr als zehn Millionen Muslime in Deutschland gibt. Nur zehn Prozent wussten die richtige Antwort: Es sind etwa vier Millionen.

Wie hoch ist der Anteil der Zuwanderer an der Bevölkerung (also an Menschen, die nicht hier geboren wurden)?

A: 23 Prozent oder mehr.
B: 13 Prozent

Auflösung: Bei einer Umfrage des Meinungsforschungsunternehmens ipsos[34] tippten die Teilnehmer viel zu hoch – sie schätzen durchschnittlich 23 Prozent. Tatsächlich wurden 13 Prozent der Bevölkerung Deutschlands im Ausland geboren. Das zeigen Daten des Statistischen Bundesamts.

Ist die weibliche Genitalverstümmelung ein grausamer Brauch des Islam?

A: Ja.
B: Nein, das Ritual hat keine klare religiöse Grundlage.

Auflösung: Fast ein Viertel der Deutschen glaubt, dass die Beschneidung bei Frauen ihren Ursprung im Islam hat. Das fanden Forscher der Arbeitsgruppe Klinische Neuropsychologie des Universitätsklinikums Hamburg-Eppendorf in einer Studie heraus.[35] Immerhin 70 Prozent wählten die richtige Antwort. Mit Religion

---

34 Perceptions are not reality: Things the world gets wrong. Ipsus MORI Online. 29.10.2014.

35 S. Moritz, A. S. Göritz, S. Kühn, B. C. Schneider, E. Krieger, J. Röhlinger und S. Zimmerer: Muslims love Jesus, too?! Corrective information alters preoccupations against Islam. Arbeitsgruppe Klinische Neuropsychologie des Universitätsklinikums Hamburg-Eppendorf, 2015.

hat diese grausame Praxis nämlich nichts zu tun. Die ersten Frauen wurden wahrscheinlich im antiken Ägypten beschnitten. Von dort aus breitete sich das Ritual über Afrika aus. Bis in die 1960er-Jahre führten auch Ärzte in Europa und Nordamerika Eingriffe durch, bei denen sie weibliche Genitalien verstümmelten, um Patientinnen von Leiden wie der »Hysterie« oder der Nymphomanie zu »heilen«.

Die Steinigung ist eine Strafe der Scharia (religiöses Gesetz des Islam); die Glaubensregeln der Juden und der Christen kennen diese Strafe nicht. Stimmt das?

C: Ja, die Steinigung kommt nur in der Scharia vor.
D: Diese Strafe steht auch im Alten Testament.

Auflösung: Dass die Steinigung dem Islam entstamme, glaubten 14 Prozent der Befragten in der Studie der Arbeitsgruppe Klinische Neuropsychologie des Universitätsklinikums Hamburg-Eppendorf. Zwei Drittel gaben an, dass sie auch in der Bibel vorkommt, und lagen damit richtig. Die Forscher versuchten auch, die Vorurteile gegenüber dem Islam bei den betroffenen Teilnehmern abzubauen. Dafür nutzen sie übrigens einen Ansatz aus einem Training für Menschen mit Psychose. Faszinierend, nicht wahr?

Denken Sie, in Deutschland lebende Ausländer begehen häufiger Straftaten als Deutsche?

A: Ja.
B: Nein.

Auflösung: Obwohl inzwischen mehrere Studien bewiesen haben, dass es keine erhöhte Kriminalitätsrate unter Zuwanderern gibt, stimmen laut dem Statistikportal Statista fast 45 Prozent der

Deutschen dieser Aussage zu. Nur jeder vierte Deutsche glaubt nicht, dass Ausländer eher Straftaten begehen. Je höher der Bildungsgrad, desto seltener neigen die Befragten dazu, den Anteil von ausländischen Straftätern zu überschätzen.

Was bezeichnet der Begriff »Auschwitz«?

A: Weiß nicht.
B: Ein Konzentrationslager.

Auflösung: In einer Forsa-Umfrage von 2012 im Auftrag des Magazins »Stern« konnten 21 Prozent der 18- bis 30-Jährigen den Begriff »Auschwitz« nicht einordnen.[36] Auch eine Studie zweier Soziologen brachte erschreckende Ergebnisse: Jeder fünfte Jugendliche im Alter von 14 bis 17 war ahnungslos.[37]

Welcher Staatsform war der NS-Staat zuzuordnen?

A: Demokratie, weil es ja Wahlen gab.
B: Diktatur.
C: Ich bin mir nicht sicher, aber eine Diktatur war es nicht.

Auflösung: Nur etwa die Hälfte der Jugendlichen ordnet den NS-Staat eindeutig als Diktatur ein. Das zeigte eine Studie des Forschungsverbunds SED-Staat.[38]

---

36 Jeder fünfte jüngere Deutsche kennt Auschwitz nicht. Stern.de, 25.01.2012.

37 Alphons Silbermann, Manfred Stoffers: Auschwitz. Nie davon gehört? Erinnern und vergessen in Deutschland. Reinbek und Berlin 2000.

38 Klaus Schroeder, Monika Deutz-Schroeder, Rita Quasten und Dagmar Schulze Heuling: Später Sieg der Diktaturen? Zeitgeschichtliche Kenntnisse und Urteile von Jugendlichen. Studien des Forschungsverbundes SED-Staat an der Freien Universität Berlin. Frankfurt am Main 2012.

Welche Aussage beschreibt den Kern der NS-Ideologie am besten?

A: Für alle Menschen, die für die Nazis zum Volk gehören und sich einfügen, wird gut gesorgt.

B: Ordnung, Fleiß, Sauberkeit und Disziplin sollten das ganze Leben prägen.

C: Deutschland sollte endlich die ihm zustehende führende Rolle in der Welt übernehmen.

D: Menschen sind unterschiedlich viel wert, je nachdem, welcher Gruppe sie angehören.

Auflösung: 28 Prozent der Jugendlichen glaubten, dass Aussage C die NS-Ideologie am besten beschreibe. Unter den Hauptschülern waren es mehr als 31 Prozent, wie der Forschungsverbund SED-Staat bekannt gab. Ganze 18,5 Prozent der Befragten fanden, dass Ordnung und Disziplin das zentrale Merkmal des Dritten Reiches gewesen seien. Von den Hauptschülern waren 29,9 Prozent dieser Meinung. 41,8 Prozent aller Befragten gaben Antwort D an.

Wie würden Sie den NS-Staat bewerten?

A: Positiv.
B: Negativ.
C: Neutral.

Auflösung: Unter den westdeutschen Jugendlichen bewerteten 25,9 Prozent den NS-Staat positiv oder neutral. Unter ostdeutschen Jugendlichen waren es sogar 33 Prozent der Befragten, wie der Forschungsverbund SED-Staat bekannt gab. Negativ sahen den NS-Staat 74,1 Prozent der Befragten in Westdeutschland und 67 Prozent der Befragten in Ostdeutschland.

War die DDR eine Diktatur?

A: Nein.

B: Ja.

Auflösung: 29,6 Prozent der Jugendlichen glaubten laut dem Forschungsverbund SED-Staat, dass die DDR keine Diktatur war. Ausgerechnet in Ostdeutschland behaupteten das sogar 36,5 Prozent der Befragten, obwohl ihre Eltern in der DDR aufgewachsen sind.

Ist die Bundesrepublik Deutschland eine Demokratie?

A: Ja.

B: Nein.

Auflösung: 39,1 Prozent der Befragten glauben, dass die Bundesrepublik keine Demokratie ist. In Ostdeutschland sind sogar 42,2 Prozent dieser Ansicht, wie die Umfrage des Forschungsverbunds SED-Staat zeigte.

Würden Sie der folgenden Aussage zustimmen? »Der NS, die BRD vor der Wiedervereinigung, die DDR und die BRD sind als staatliche Systeme gleichwertig.«

A: Ja.

B: Nein.

Auflösung: Fast 40 Prozent der Befragten sahen laut dem Forschungsverbund SED-Staat keinen Unterschied zwischen den Staatssystemen. Unter den Hauptschülern waren es sogar unglaubliche 61 Prozent.

Was war am 13. August 1961?

A: Kubakrise.
B: Mauerbau.
C: Rücktritt von Konrad Adenauer.
D: Weiß nicht.

Auflösung: 19 Prozent der Deutschen können mit diesem Datum überhaupt nichts anfangen. Heraus kam das bei einer Umfrage des Instituts Infratest dimap im Auftrag der Bundesstiftung zur Aufarbeitung der SED-Diktatur. Nur jeder Zweite wusste, dass am 13. August 1961 der Mauerbau begann. Ein Drittel der Befragten verband damit ein anderes politisches Ereignis der 1960er-Jahre.

Was wird als »Deutscher Herbst« bezeichnet?

A: Die Zeit vor dem Mauerfall.
B: Das Ende des Nationalsozialismus.
C: Die Auswirkungen der Ölkrise von 1973.
D: Das Vorgehen des Staates gegen den Terrorismus der RAF.

Auflösung: Mehr als 46 Prozent der befragten Jugendlichen glaubten, der Deutsche Herbst sei die Zeit vor dem Mauerfall gewesen. Laut der Umfrage des Forschungsverbunds SED-Staat dachten 24,5 Prozent, das Ende des Nationalsozialismus sei gemeint. Nur 13,3 Prozent wussten, dass damit die Zeit des RAF-Terrorismus in Deutschland bezeichnet wird.

Wer bildet zurzeit im Deutschen Bundestag die Opposition?

A: Weiß nicht.
B: Die SPD.
C: Linke und Grüne.

Auflösung: 29 Prozent der Befragten gaben in einer Studie der Bertelsmann Stiftung eine falsche Antwort auf die Frage nach der Opposition.[39] 17 Prozent machten keine Angabe. Nur 54 Prozent wussten, dass C richtig ist. Bei den 16- bis 29-Jährigen herrschte noch größere Ahnungslosigkeit. Nur 38 Prozent gaben die richtige Antwort.

Welche der beiden Stimmen entscheidet bei der Wahl letztlich über die Stärke der Partei im Bundestag?

A: Erststimme.
B: Zweitstimme.
C: Beide sind gleich wichtig.
D: Weiß nicht.

Auflösung: Nur 47 Prozent der Wahlberechtigten nannte in einer Umfrage des Instituts infratest dimap vor der Bundestagswahl 2013 die richtige Antwort: die Zweitstimme. 39 Prozent dachten, die Erststimme sei entscheidend, 13 Prozent hatten keine Ahnung.

Was geschah am 17. Juni 1953?

A: Die internationale Anerkennung der DDR als Staat.
B: Ein Volksaufstand in der DDR.
C: Der deutschsowjetische Vertragsschluss.
D: Eine Währungsreform in der DDR.

Auflösung: Nur 36,3 Prozent der Befragten ordneten das Datum laut dem Forschungsverbund SED-Staat richtig zu: dem Volksaufstand in der DDR. Mehr als 20 Prozent glaubten, dass die DDR

---

39   Dominik Hierlemann, Ulrich Sieberer: Sichtbare Demokratie. Debatten und Frage-
     stunden im Deutschen Bundestag. Bertelsmann Stiftung. Gütersloh 2014.

zu diesem Zeitpunkt als Staat anerkannt worden sei. Das passierte erst in den 1970er-Jahren.

Wodurch wollte die rot-grüne Bundesregierung das deutsche Sozialsystem reformieren?

A: Solidaritätszuschlag.

B: Verkehrsprojekt Deutsche Einheit.

C: Agenda 2010.

D: Konjunkturpaket II.

Auflösung: Mehr als 32 Prozent der Jugendlichen glauben, der Solidaritätszuschlag sei gemeint. Der wurde allerdings schon 1991 unter Helmut Kohl eingeführt. 24,4 Prozent tippten in der Umfrage des Forschungsverbunds SED-Staat auf das Konjunkturpaket. Nur 19,5 Prozent wussten, dass die Agenda 2010 das große Projekt der Regierung Schröder war. Sie führte zu weitreichenden Veränderungen des deutschen Sozialsystems, zum Beispiel zur Einführung von Hartz IV.

Die Ergebnisse der verschiedenen Umfragen zeigen sehr deutlich, wie wenig viele Deutsche über ihr Land und über die Geschichte wissen. Dabei sind diese Kenntnisse wichtig, um das aktuelle Geschehen einzuordnen. Wie sollen junge Menschen die Demokratie schätzen lernen, wenn sie nicht einmal den Unterschied zu einer Diktatur kennen? Hier müssen wir als Gesellschaft einiges nachholen.

9. KOLLEKTIVE VERBLÖDUNG: SO SCHLIMM STEHT ES WIRKLICH UM UNS

Unwissen und Engstirnigkeit haben den Fremdenhass zurück nach Deutschland gebracht. Es scheint, als erlebten wir jetzt die Folgen einer jahrzehntelangen Verblödung unserer Gesellschaft. Aber: Den intellektuellen Verfall haben schon viele heraufbeschworen. Gibt es wissenschaftliche Erkenntnisse, die ihn belegen? Nun ja: Ein Spitzenreiter in Sachen Bildung ist Deutschland nicht. Das wissen wir spätestens seit den Pisa-Studien, anhand deren Leistungen der Schüler weltweit verglichen werden. Bei der ersten Erhebung im Jahr 2000 landete Deutschland in Mathematik und Naturwissenschaften auf Platz 20, bei der Lesekompetenz sogar nur auf Platz 21.[40] Das waren unterdurchschnittliche Werte. In der jüngsten Pisa-Studie von 2012 hatten sich die deutschen Schüler verbessert.[41] Von den vorderen Plätzen sind sie allerdings noch weit entfernt. Auch die Erwachsenen in Deutschland haben große Defizite in der

---

40   Programme for International Student Assessment (PISA 2000).

41   Pisa 2012, Ergebnisse: Was Schülerinnen und Schüler wissen und können. Schülerleistungen in Mathematik, Lesekompetenz und Naturwissenschaften. Bd. 1.

Bildung. Das zeigte die PIIAC-Studie, eine Art Pisa-Test für die breite Bevölkerung. 2013 veröffentlichte die OECD erstmals die Ergebnisse einer Untersuchung unter den 16- bis 65-Jährigen in 24 Industrieländern.[42] Die Forscher testeten die Kompetenzen in Mathematik, im Lesen sowie im Lösen von Problemen. Die Deutschen erzielten nur mittelmäßige Ergebnisse. Besonders in der Lesekompetenz zeigten sich große Schwächen: Jeder sechste deutsche Erwachsene lag hier auf dem Niveau eines zehnjährigen Kindes. Wie es heute mit der Allgemeinbildung aussieht, wissen wir also: nicht besonders rosig. War das früher besser? Erleben wir wirklich einen intellektuellen Verfall? Das weiß niemand so genau. Große Untersuchungen wie die Pisa-Studien werden erst seit einigen Jahren durchgeführt. Ansonsten ist die Datenlage eher schlecht.

Zumindest einen Anhaltspunkt geben die Umfragen des Instituts für Demoskopie Allensbach. Seit 1991 ist die Zahl derer, die von Friedrich Schiller gehört haben, von 97 auf 86 Prozent zurückgegangen. Das schrieb der Meinungsforscher Thomas Petersen 2008 in der »FAZ«.[43] Auch Albrecht Dürers Bekanntheit ist von 92 auf 78 Prozent gesunken. Es scheint aber, als hätte Deutschland den Tiefpunkt der Bildung schon hinter sich. Mitte der 1970er-Jahre ist zum Beispiel laut Petersen der Anteil der Menschen immer weiter gesunken, die wussten, dass Martin Luther vor dem Dreißigjährigen Krieg gelebt hat. »Mitte der Neunzigerjahre lagen die Kenntnisse der Befragten mit Abitur auf dem Niveau, das im Jahr 1976 die Befragten mit mittlerer Reife aufgewiesen hatten«, schrieb Petersen. Doch inzwischen hat sich der Trend laut Allensbach-Umfragen umgekehrt.

---

42 Grundlegende Kompetenzen Erwachsener im internationalen Vergleich. Ergebnisse von PIAAC 2012.

43 Thomas Petersen: Allensbach-Analyse. Was ist eigentlich Bildung? FAZ.net. 19.11. 2008.

Mittlerweile wissen wieder genauso viele Befragte wie in den 1970ern, wann Luther gelebt hat.

Generell erleben wir also keinen Niedergang der Bildung. Schließlich steigt seit Jahren die Zahl der Gymnasiasten, der Abiturienten und der Studenten. Es sind eher bestimmte Aspekte der Bildung, die zerfallen. Petersen spricht vom Niedergang des Bildungsbürgertums. Bildungsbürger waren seit Mitte des 18. Jahrhunderts jene Menschen, die sich für Kultur, Literatur und Geschichte interessierten. Sie strebten danach, ihr Wissen immer weiter zu vervollkommnen. Bildung war für sie eine Lebensaufgabe, die sie mit Ehrgeiz verfolgten. Bildung ist »die Anregung aller Kräfte des Menschen, damit diese sich über die Aneignung der Welt entfalten und zu einer sich selbst bestimmenden Individualität und Persönlichkeit führen«, schrieb Wilhelm von Humboldt.[44] Von diesem Ideal ist heute nicht mehr viel übrig. Kenntnisse in Geschichte, Politik, Wirtschaft, Philosophie, Kunst und Musik gehören nur noch für eine Minderheit der Deutschen zur Allgemeinbildung. Das zeigen Umfragen, die Thomas Petersen in der »FAZ« zitierte. Stattdessen nannte die Mehrheit der Befragten allgemeinere Dinge. Zum Beispiel, dass ein »möglichst breites« Wissen wichtig sei – was auch immer damit gemeint ist – sowie die Fähigkeit, sich sprachlich gut auszudrücken, und die Gewohnheit, viel zu lesen. Das ist beinahe ironisch. Denn obwohl die Deutschen dem Lesen eine große Bedeutung zusprechen, ist gerade das eine ihrer größten Schwächen. 20 Prozent der Deutschen können nicht gut genug lesen und schreiben, um ihren Alltag zu meistern. Dieses erschreckende Ergebnis stellte die EU-Kommission 2012 vor.[45]

---

44 A. Flitner, K. Giel: Ideen zu einem Versuch, die Grenzen der Wirksamkeit des Staates zu bestimmen. In: Humboldt, W. von: Schriften zur Anthropologie und Geschichte/Werke. Stuttgart 1792/1960.

45 EU High Level Group of Experts on Literacy. Final Report, September 2012.

Das sei alarmierend, urteilten die Experten. Eine gute Lesekompetenz wirkt sich positiv auf das Gehalt und auf die Chancen auf dem Arbeitsmarkt aus, wie mehrere Studien zeigten.[46] Die EU hat berechnet, dass es allen Staaten der EU zusammen 21 Billionen Euro zusätzlich bringen würde, wenn die Zahl der schlecht ausgebildeten Europäer bis 2020 auf 15 Prozent sänke. Und wenn Deutschland in der Pisa-Studie die gleichen Werte wie der Spitzenreiter Finnland erzielte, würde sich das Bruttoinlandsprodukt bis 2090 um·mehr als 12 Billionen erhöhen.[47]

Lesen ist der Grundstein der Bildung. Denn wer Probleme hat, einen Text zu verstehen, der hat ein grundsätzliches Lernproblem – in allen Fächern und Disziplinen. Die Deutschen vernachlässigen diese wichtige Fähigkeit. Nur noch jeder Vierte ist ein Gelegenheitsleser – also jemand, der im Jahr zwischen elf und 50 Büchern liest. Das ergab eine Studie der Stiftung Lesen von 2008.[48] Zum Vergleich: Acht Jahre zuvor war noch jeder Dritte ein Gelegenheitsleser. 25 Prozent der Deutschen nehmen heute gar kein Buch mehr in die Hand.

Zuwanderer lesen übrigens laut der Studie mindestens genauso viel wie Deutsche. Sie bilden deshalb eine »neue Lese-Mittelschicht mit großem bildungspolitischen Potenzial«, wie Andreas Storm, Parlamentarischer Staatssekretär für Bildung und Forschung, in der Studie erklärte.

---

46   A. De Coulon, O. Marcenaro-Gutierrez und A. Vignoles: Pathways to Success. How Knowledge and Skills at Age 15 Shape Future Lives in Canada. OECD Paris: 2010. Und: The Value of Basic Skills in the British Labour Market, Centre for the Economics of Education Discussion Paper CEEDP0077. London School of Economics. London 2007. Und: J. Vorhaus, J. Litster, M. Frearson und S. Johnson: Review of research and evaluation on improving adult literacy and numeracy skills. Research paper 61. London: UK Department for Business, Innovation and Skills, 2011.

47   Eric A. Hanushek, Ludger Woessmann: The Cost of Low Educational Achievement in the European Union. EENEE POLICY BRIEF 1/2011.

48   Lesen in Deutschland 2008. Eine Studie der Stiftung Lesen. Gefördert vom Bundessministerium für Bildung und Forschung. Mainz 2008.

Immer mehr Deutsche haben kein Interesse mehr daran zu lesen. Das liegt nach Meinung der Experten vor allem daran, dass Eltern die Leselust bei ihren Kindern nicht fördern. 45 Prozent der in der Studie befragten Jugendlichen gaben an, als Kind nie ein Buch geschenkt bekommen zu haben. Können Sie sich das vorstellen? Ich nicht. Noch in meiner Kindheit verschenkten Eltern, Freunde und Familienangehörige gerne und oft Bücher. Zu jedem Geburtstag, zu jedem Weihnachtsfest war mindestens eines unter den Geschenken.

Lesen sei »ein wichtiges Hilfsmittel für das Erreichen persönlicher Ziele, Bedingung für die Weiterentwicklung des eigenen Wissens und der eigenen Fähigkeiten und Voraussetzung für die Teilhabe am gesellschaftlichen Leben«, urteilen die Pisa-Experten.[49] Daran hat die Digitalisierung unseres Alltags nichts geändert. »Lesen bleibt eine Schlüsselqualifikation für den kompetenten und selbstbestimmten Gebrauch aller Medien«, schreiben die Bildungsforscher Cordula Artelt und Matthias Schlagmüller.[50]

Ich verdanke dem Lesen alles, was ich bisher erreicht habe. Als ich in der ersten Klasse war, übte mein Vater jeden Abend mit mir. Er kommt ursprünglich aus Kroatien und sprach damals nur gebrochen Deutsch. Das hielt ihn nicht davon ab, mich zum Vorlesen aufzufordern. Immer und immer wieder. Ich erinnere mich noch genau an den Tag, als er das zweite Kapitel in unserem Lesebuch aufschlug. »Da sind wir noch nicht«, protestierte ich und verschränkte die Arme. »Frau Kirsch hat gesagt, wir dürfen alleine noch nicht weiterlesen.« Mein Vater sagte: »Lies trotzdem.«

---

49 Deutsches PISA-Konsortium 2001.

50 Cordula Artelt, Mathias Schlagmüller: Was versteht PISA unter Lesekompetenz? In: Schiefele, Ulrich, u. a. (Hrsg.): Struktur, Entwicklung und Förderung von Lesekompetenz. Vertiefende Analysen im Rahmen von PISA 2000, Wiesbaden 2004.

Da ich das neue Kapitel bereits geübt hatte, fiel mir am nächsten Tag das Vorlesen in der Klasse leicht. Die Lehrerin lobte mich, und ich war stolz. Das war der Beginn meiner Liebe zu Büchern. Später, ich steckte schon mitten im Studium, fragte mich die Mutter eines Nachhilfeschülers um Rat. Die Familie kam ursprünglich aus der Türkei. Der Sohn ging damals in die sechste Klasse Gymnasium. Er war ein höflicher Junge, der begeistert mitarbeitete. Im Fach Deutsch bekam er aber nur Dreien und Vieren. Die Mutter fragte mich:»Was kann ich tun, damit er besser wird?« Ich überlegte kurz, und mir fiel nur eine Lösung ein. Ich sagte ihr, sie solle ihn zum Lesen anregen. »Geben Sie ihm ein Buch. Zu irgendeinem Thema, das ihn interessiert«, sagte ich. Der Junge war klug und fleißig. Doch in den wöchentlichen Nachhilfestunden konnte ich ihm nicht das Sprachgefühl vermitteln, das ihm fehlte. Dazu musste er lesen, lesen, lesen.

Lesen erweitert nicht nur den Wortschatz, es prägt nicht nur den Stil. Es ist der Schlüssel zu analytischem Denken. Es hilft dabei, Zusammenhänge zu verstehen und Muster zu erkennen. Wenn ein Mensch liest, passiert Erstaunliches. Es geht um viel mehr als Buchstaben und Worte. Es geht um Sprache an sich. Sie ist das Instrument, mit dem wir uns die Wirklichkeit erschließen. Der Philosoph Immanuel Kant beschrieb das so:

»Alle Sprache ist Bezeichnung der Gedanken, und umgekehrt die vorzüglichste Art der Gedankenbezeichnung ist die durch Sprache, dieses größte Mittel, sich selbst und andere zu verstehen. Denken ist Reden mit sich selbst.«[51]

---

51   Immanuel Kant: Die Anthropologie in pragmatischer Hinsicht. Dritte verbesserte Auflage. Königsberg 1820.

Das Lesen ist ein mentaler Prozess, der auf mehreren Ebenen abläuft.[52] Stellen Sie ihn sich als Stufenmodell vor: Zuerst geht es um das Verstehen von Wörtern und kurzen Sätzen. Dann setzt der Lesende Informationen innerhalb verschiedener Sätze zueinander in Beziehung. Das sind die sogenannten lokalen Zusammenhänge. Im nächsten Schritt erarbeitet man sich ein Gesamtverständnis des Textes – die sogenannten globalen Zusammenhänge. Erst dann setzt sich der Lesende mit den Strukturen des Textes auseinander, zum Beispiel mit dem Aufbau und mit wiederkehrenden Elementen. Und im letzten Schritt erkennt er die rhetorischen Strategien und benutzt sein Vorwissen, um den Text zu interpretieren. Lesen fordert den ganzen Verstand und all das Wissen, das ein Mensch angesammelt hat. Trotzdem passiert es mehr oder weniger unbewusst. Diese Gabe lassen immer mehr Deutsche verkümmern. Und manche erlernen sie erst gar nicht.

Neben dem schwindenden Interesse am Lesen gibt es ein weiteres Symptom unserer Bildungskrise: die Hauptschulen. Sie bringen Millionen perspektivloser junger Menschen hervor. Ich sage Symptom, weil sie nicht die Ursache des Problems sind. Die Hauptschulen sind der Ort, an dem sich die Hoffnungslosen versammeln. Der Grund für diese Hoffnungslosigkeit liegt in der Gesellschaft, nicht in der Schulform.

Hauptschulen seien institutionelle Gettos im Bildungssystem, schreibt der Soziologe Heinz Bude.[53] Fast niemand will dorthin. Die Lehrer nicht, die Schüler nicht. Und schon gar nicht wollen Eltern ihre Kinder dort sehen. Nur drei Prozent der Eltern wünschen sich laut einer Allensbach-Studie den Hauptschulab-

---

52   Cornelia Rosebrock, Daniel Nix: Grundlagen der Lesedidaktik und der systematischen schulischen Leseförderung. Baltmannsweiler 2008.

53   Heinz Bude: Bildungspanik. Was unsere Gesellschaft spaltet. München 2011.

schluss für ihren Nachwuchs.[54] Dabei fing die Geschichte dieser Schulart so vielversprechend an. »Mehr Leistungsanspruch, eine durchgehende Fremdsprache, Bildung einer Schule der gehobenen Volksbildung« – das ist nicht etwa das Motto einer Initiative zur Eliteförderung. Nein, mit diesen Worten beschrieb der Kultusminister von Nordrhein-Westfalen 1968 die neu gegründete Hauptschule. Sie war eigentlich dazu gedacht, die Bildungschancen sozial benachteiligter Kinder zu erhöhen. Die neue Schulform sollte Jugendlichen eine grundlegende allgemeine Bildung vermitteln und sie optimal auf eine berufliche Ausbildung vorbereiten. Das klang erstrebenswert. Zwei Drittel aller Schüler gingen damals zur Hauptschule. Heute sind es nur noch 15 Prozent. Die Hauptschule ist inzwischen für viele Jugendliche der direkte Weg in die Arbeitslosigkeit. Auch mit einem guten Abschluss ist es schwer, einen Ausbildungsplatz zu bekommen.

Der DGB wertete 2015 etwa 44.000 offene Stellen der IHK-Lehrstellenbörse aus.[55] Das Ergebnis: Von fast 62 Prozent aller Ausbildungsplätze waren Kandidaten mit Hauptschulabschluss ausgeschlossen, weil sie nicht die formalen Anforderungen erfüllten. Immer mehr Unternehmen setzen inzwischen die mittlere Reife oder das Abitur voraus. Das gilt zum Beispiel für die Hotelbranche und die Gastronomie, ganz besonders aber für Bank- und Büroberufe. Die Zahl der möglichen Ausbildungsberufe für Hauptschüler sei in den letzten Jahren von über 300 auf rund 20 gesunken, sagte der Bildungsforscher Ernst Rösner gegenüber SWR2. Die Wirtschaft verteidigt

---

54 Zwischen Ehrgeiz und Überforderung. Eine Studie zu Bildungsambitionen und Erziehungszielen von Eltern in Deutschland. Eine Studie des Instituts für Demoskopie Allensbach im Auftrag der Vodafone Stiftung Deutschland. Düsseldorf 2011.

55 Matthias Anbuhl: »Kein Anschluss mit diesem Abschluss?« DGB-Expertise zu den Chancen von Jugendlichen mit Hauptschulabschluss auf dem Ausbildungsmarkt. Eine Analyse anhand der Zahlen der DIHK-Lehrstellenbörse vom 26. März 2015. Berlin 2015.

sich gegen den Vorwurf, zu stark auszusieben. In anspruchs-
vollen Ausbildungsberufen reiche ein Hauptschulabschluss
nicht aus, sagte der stellvertretende Hauptgeschäftsführer des
Deutschen Industrie- und Handelskammertags (DIHK), Achim
Dercks, der »Süddeutschen Zeitung«.[56] Leider hat er recht. Jeder siebte deutsche Jugendliche im Alter von 15 Jahren kann
nur auf Grundschulniveau lesen und schreiben.[57] Diese Schüler werden als Risikogruppe eingestuft und besuchen meist die
Hauptschule.

An diesem Zustand ist aber nicht allein das System Hauptschule schuld. Eine Studie der Universität Erlangen zeigt, dass
die Schüler von vornherein in vielen Bereichen benachteiligt
sind.[58] Diesen Rückstand können sie kaum aufholen, auch nicht
mithilfe von speziell geschulten Lehrkräften und besonderen
Unterrichtskonzepten. Die Forscher untersuchten das sogenannte Bildungskapital der Schüler. Dazu gehören die äußeren
Umstände, die ihre Chancen in der Schule beeinflussen, wie die
finanzielle Situation der Familie zum Beispiel oder Wertevorstel-
lungen und Leitbilder, die der Schüler durch sein Umfeld ver-
mittelt bekommt. In ostasiatischen Ländern wird Bildung sehr
wertgeschätzt. Es gilt als Privileg und Chance, die Schule zu besuchen. Diese positive Einstellung wirkt sich auf die Leistungen
der Kinder aus. Und genauso kann die negative Einstellung einer bildungsfernen Familie die Leistung beeinflussen.

Außerdem bewerteten die Forscher das sogenannte Lernkapital, über das der Schüler selbst verfügt: seine körperliche

---

56   Thomas Öchsner: Viele Hauptschüler müssen draußen bleiben. Süddeutsche Zei-
     tung. 13.04.2015

57   Pisa 2012.

58   Albert Ziegler, Manuel Hopp, Markus Linner, Tanja Schöferle, Niklas Thomas, Tan-
     ja Schielein, Anamaria Vladut und Wolfgang Götzfried: Bildungs- und Lernkapi-
     talarmut von Hauptschülern. Ergebnisse einer explorativen Befragungsstudie mit
     Lehrkräften. Universität Erlangen-Nürnberg, Universität Ulm, Universität Regens-
     burg. In: Schulpädagogik-heute. Immenhausen 2012.

Verfassung, seine geistigen Fähigkeiten, seine Ziele, seine Erfahrungen, seine Aufmerksamkeit. Auch diese Faktoren hängen stark mit der sozialen Herkunft eines Jugendlichen zusammen. »Insgesamt wurde die Annahme beeindruckend klar bestätigt, dass Schüler der Hauptschule über durchschnittlich schlechtere Lernvoraussetzungen verfügen als die Schüler der anderen Schultypen inklusive der Grundschüler«, urteilen die Forscher. Experten fordern schon lange, dass die Hauptschule abgeschafft und durch eine andere Schulform ersetzt werden soll. Zum Beispiel durch eine Mittelschule wie in Sachsen: Dort lernen Haupt- und Realschüler gemeinsam. Dann verlagere sich das Problem aber nur an eine andere Institution, warnen die Forscher aus Erlangen. Es löse nicht »die mangelnde Ausstattung an Bildungs- und Lernkapital eines substantiellen Teils der Schülerschaft«.

Wenn Experten über die Hauptschule sprechen, ist oft von »negativer Auslese« die Rede. Auf der Hauptschule landet, wer vom System aussortiert wurde. Und ganz unten gibt es selten ein Entkommen. In Deutschland steigen mehr Schüler in niedrigere Schulformen ab als umgekehrt. Etwa 50.000 Schüler der Klassen fünf bis zehn wurden im Schuljahr 2010/11 herabgestuft. Auf eine höhere Schule wechselten nur 23.000 Kinder und Jugendliche, wie die Bertelsmann Stiftung bekannt gab.[59]

Besonders in Niedersachen und Nordrhein-Westfalen wird die Hauptschule laut der Studie zum Auffangbecken für Absteiger. Da in diesen Bundesländern nur noch wenige Kinder direkt nach der Grundschule auf die Hauptschule geschickt werden, ist die Selektion später hoch.

---

59 Gabriele Bellenberg (unter Mitarbeit von Matthias Forell): Schulformwechsel in Deutschland. Durchlässigkeit und Selektion in den 16 Schulsystemen der Bundesländer innerhalb der Sekundarstufe I. Bertelsmann Stiftung, Gütersloh 2012.

Überhaupt sind die Chancen auf Bildung in Deutschland noch immer erschreckend ungerecht verteilt. Die Laufbahn der Eltern bestimmt fast immer die Laufbahn der Kinder. Nur jedes siebte Kind, dessen Eltern die Hauptschule besucht haben, geht aufs Gymnasium. Nur ein Prozent der Kinder, deren Eltern Abitur haben, gehen auf die Hauptschule. Das zeigte eine bundesweite Studie im Auftrag des Bundesministeriums für Bildung und Forschung.[60] Ein weiteres beunruhigendes Ergebnis der Studie: Am Gymnasium ist die Lernkurve steil. Hauptschüler dagegen lernen kaum noch etwas dazu. Kein Wunder also, dass viele von ihnen den Leistungsstand von Grundschülern zeigen. »Jüngere Menschen ohne berufsqualifizierenden Abschluss sind häufiger arbeitslos, seltener in Vollzeit beschäftigt und geringer entlohnt als Fachkräfte«, schreibt die Agentur für Arbeit.[61] Endstation Hartz IV: In vielen Fällen sind solche Schicksale vorbestimmt. Wo es keine Chancen gibt, gibt es auch keine Zuversicht. Zurück bleiben Frust, Zukunftsangst und Wut. Das ist eine zerstörerische Mischung.

Unsere Gesellschaft produziert Menschen ohne Ziele, ohne Antrieb, ohne Weitblick. Sie haben sich mit ihrem Leben in der Sackgasse abgefunden, oft wollen sie ihm nicht einmal mehr entfliehen. Wohin auch? Es gibt sowieso keinen Ausweg. Es sind oft genau diese Menschen, die dann in Facebook-Kommentaren gegen unsichtbare Feinde hetzen. Gegen Flüchtlinge, Zuwanderer, Muslime und alle anderen, die Veränderung zu bringen drohen. Denn die wirkt sehr gefährlich auf jemanden,

---

60 Der Übergang von der Grundschule in die weiterführende Schule. Leistungsgerechtigkeit und regionale, soziale und ethnisch-kulturelle Disparitäten. Bundesministerium für Bildung und Forschung. Berlin 2010.

61 Der Arbeitsmarkt in Deutschland – Mai 2013. Jüngere Menschen ohne Berufsabschluss. Bundesagentur für Arbeit.

der unfähig ist, sich zu bewegen. Wer sich in einer Gesellschaft ein Leben lang als Verlierer fühlt, ist selten bereit, Platz zu machen für andere. Für Fremde.

10. »WER NICHTS IST UND WER NICHTS KANN, DER ZÜNDET FLÜCHTLINGSHEIME AN«

Ende August 2015 setzten Unbekannte eine Sporthalle in Nauen in Brand. Dort sollte eine Flüchtlingsunterkunft entstehen, und das wollten die Täter offenbar verhindern. Die Halle brannte fast völlig ab. Der brandenburgische Innenminister sprach vom »schwersten Anschlag auf eine geplante Unterkunft für Flüchtlinge in Brandenburg seit über 20 Jahren«. Es war ein Ereignis, das eigentlich sprachlos macht. Doch es gibt eine Künstlerin, die dazu etwas sehr Passendes zu sagen hatte. Sie nennt sich Barbara und verbreitet gesellschaftskritische Botschaften in deutschen Städten. Mal überklebt sie Verkehrszeichen, mal hängt sie eigene Schilder auf. Sie kämpft unter anderem gegen Rassismus und Homophobie. Über Barbara weiß man kaum etwas, sie möchte anonym bleiben. Ein paar Tage nach dem Brand in Nauen tauchte dieses Schild von Barbara auf:

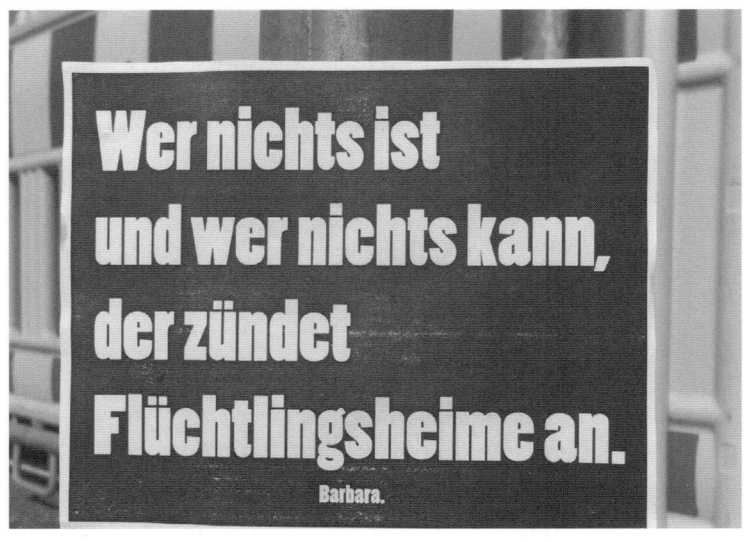

Dieser Spruch ist treffend, weil er eine Erklärung bietet für den Hass, der einen ratlos zurücklässt. Wieso zündet jemand eine Unterkunft an, in der 100 Menschen Schutz finden sollten? Wieso bringt jemand die Gewalt zurück in ein Land, in dem Frieden herrscht? Die Flüchtlingsheime brennen, weil jemand einen Schuldigen braucht für die eigene Perspektivlosigkeit. Farin Urlaub, Sänger der Band »Die Ärzte«, formulierte das in einem Interview mit dem Magazin »Frizz« so:

> »Solange es Leute gibt, die nichts können, nichts wissen und nichts geleistet haben, wird es auch Rassismus geben. Denn auch diese Leute wollen sich gut fühlen und auf irgendetwas stolz sein. Also suchen sie sich jemanden aus, der anders ist als sie, und halten sich für besser.«

Das klingt nach einem krassen Urteil. Es gibt jedoch wissenschaftliche Belege für das, was Farin Urlaub sagt. Wie ich schon zu Anfang geschrieben habe, neigen Menschen mit geringer Bildung und niedrigem Einkommen dazu, Minderheiten abzuwerten. In einer Befragung der Friedrich-Ebert-Stiftung[62] stimmten Menschen mit niedrigem Bildungsgrad viel häufiger den folgenden Aussagen zu:

»Es gibt zu viele Zuwanderer in Deutschland.«

»Durch die vielen Zuwanderer fühle ich mich manchmal wie ein Fremder im eigenen Land.«

»Wenn Arbeitsplätze knapp sind, sollten Deutsche mehr Recht auf eine Arbeit haben als Zuwanderer.«

»Es gibt zu viele Muslime in Deutschland.«

»Muslime in Deutschland stellen zu viele Forderungen.«

Hochgebildete Menschen neigten vergleichsweise seltener zu solchen Vorurteilen, schreiben die Forscher. Die Ergebnisse in anderen europäischen Ländern wie Frankreich, Großbritannien, Italien, Polen und den Niederlanden bestätigten das. Die Forscher untersuchten auch den Einfluss des Einkommens auf fremdenfeindliche Einstellungen. Je niedriger das Einkommen der Befragten in Deutschland war, desto eher neigten sie dazu, Minderheiten abzuwerten. Offener »biologistischer« Rassismus ist in Europa nicht weit verbreitet. Gemeint ist damit

---

62   Andreas Zick, Beate Küpper, Andreas Hövermann: Die Abwertung der Anderen. Eine europäische Zustandsbeschreibung zu Intoleranz, Vorurteilen und Diskriminierung. Friedrich-Ebert-Stiftung. München 2011.

zum Beispiel die Einstellung, dass Schwarze und Weiße nicht heiraten sollten. Anders ist es mit kulturellem Rassismus, der von einer geringeren Begabung mancher Kulturen ausgeht. Er nimmt laut den Forschern starke und erschreckende Ausmaße an. Ist es seltsam, dass ausgerechnet die Schwachen in einer Gesellschaft andere schwache Gruppen ablehnen? Nein. Denn Fremdenfeindlichkeit verspricht diesen Menschen, eine Lücke in ihrem Leben zu füllen. Vorurteile vermögen es, »Selbstwert, Vertrauen und Identität zu stiften, Bande zu schaffen, Kontroll- und Machtmotive zu bedienen und scheinbar komplexe gesellschaftliche Prozesse zu erklären«, folgern die Forscher der Friedrich-Ebert-Stiftung.

Es gibt eine Gruppe der Hoffnungslosen in Ostdeutschland, die dieses Versprechen begierig annehmen. 33,8 Prozent der Ostdeutschen halten Ausländer laut der Mitte-Studie der Universität Leipzig für Sozialschmarotzer, im Westen sind es 25,5 Prozent. 28,7 Prozent der Ostdeutschen fordern, dass sich Deutschland mehr Macht und Geltung verschaffen solle. Unter den Westdeutschen denken das nur 19,5 Prozent der Befragten. Das war 2014, als die rechtsextremen Einstellungen vergleichsweise niedrig waren. Die wirtschaftliche Lage war gut, die Arbeitslosenzahlen gingen zurück, die Debatte um die Eurokrise hatte sich beruhigt. Das scheint eine trügerische Ruhe gewesen zu sein.

In den Jahren zuvor war der Ausländerhass in den neuen Bundesländern stark gewachsen. Fast 40 Prozent der Ostdeutschen äußerten sich 2012 ausländerfeindlich. Dramatische 15,8 Prozent hatten eine rechtsextreme Einstellung. Die Studie 2014 war deshalb erfreulich: Die Extremisierung im Osten schien gestoppt zu sein. Doch das war vor Pegida und vor der Flüchtlingskrise. »Die Meinungen jetzt dürften sicher deutlich anders sein«, sagte mir Elmar Brähler, Koautor der Mitte-Studien. Er rechnet für die nächste Befragung im Januar 2016 mit einem starken Anstieg der rechtsextremen Einstellungen.

Der Ausländerhass verführt viele Ostdeutsche, weil er sie von der eigenen Perspektivlosigkeit ablenkt. Die Arbeitslosenquote in den neuen Bundesländern ist höher als im Westen. Die Wirtschaftskraft liegt 25 Jahre nach der Wende noch immer ein Drittel unter der des Westens.[63] Wenn man Berlin rausrechnet, steht der Osten noch deutlich schlechter da. Und obwohl Ostdeutschland nach der Wiedervereinigung zunächst stark aufgeholt hat, tut sich seit einigen Jahren kaum noch etwas. Kein Wunder, dass Ostdeutschland schon lange unter einem sogenannten Braindrain leidet. Das heißt, dass die talentierten und intelligenten Menschen in den Westen ziehen.»In der Zeit des Mauerfalls machten im Osten nur zehn Prozent der jungen Menschen Abitur«, sagt Brähler.»Die Gebildeten sind davongelaufen, besonders die Frauen. Zurück blieben schlecht ausgebildete Männer.« In Städten wie Jena oder Frankfurt an der Oder machen 60 Prozent aller weiblichen Schulabgängerinnen das Abitur, wie das Berlin-Institut für Bevölkerung und Entwicklung feststellte.[64] Dagegen sind zum Beispiel im Landkreis Elbe-Elster 70 Prozent der Schulabgänger, die keinen oder höchstens einen Hauptschulabschluss erreichen, männlich.

In manchen Regionen werden laut Berlin-Institut 125 Männer pro 100 Frauen gezählt.»Dieser Frauenmangel ist europaweit einzigartig«, sagte Reiner Klingholz, Mitautor der Studie, in einem Gespräch mit»Zeit Online«.[65] Selbst Polarkreisregionen im Norden Schwedens und Finnlands reichten an die ostdeutschen Werte nicht heran. Die Folge: 20 Prozent der ostdeut-

63 Jahresbericht der Bundesregierung zum Stand der Deutschen Einheit 2015.
64 Not am Mann. Vom Helden der Arbeit zur neuen Unterschicht? Lebenslagen junger Erwachsener in wirtschaftlichen Abstiegsregionen der neuen Bundesländer. Berlin-Insitut für Bevölkerung und Entwicklung. Berlin 2009.
65 Michael Schlieben: Frauenmangel im Osten. Zeit Online, 2.10.2009.

schen Männer haben keine Partnerin, eine schlechte Ausbildung und keine Arbeit. Das Berlin-Institut spricht schon von einer »neuen Unterschicht«. Und die ist sehr empfänglich für rechtsextreme Propaganda. Das habe dazu geführt, dass plötzlich sehr viele junge Menschen ausländerfeindlich eingestellt seien, sagt Brähler. Ein ungewöhnliches Phänomen. Verschiedenen Studien zufolge sind meistens die Älteren fremdenfeindlich. Vor allem jene, die noch die NS-Zeit miterlebten oder durch Angehörige davon betroffen waren.

Das ändert sich nun. Immer mehr Jugendliche radikalisieren sich. Diese Entwicklung kündigte sich schon vor einigen Jahren an. Fünf Prozent der Neuntklässler gaben in einer Studie des Kriminologischen Forschungsinstituts Niedersachsen[66] 2008 an, einer rechtsextremen Gruppe anzugehören. Das Risiko sei besonders bei Haupt- und Förderschülern groß, hieß es in der Studie. Außerdem betreffe es den Osten häufiger als den Westen.

An den heutigen jungen Erwachsenen zeigt sich, wie dramatisch die Folgen der schlechten wirtschaftlichen Lage im Osten sind. Anders gesagt: Perspektivlose Eltern ziehen perspektivlose Kinder groß. Das zumindest legen Studien nahe. Im Osten leiden Kinder öfter unter einem gestörten Sozialverhalten. Dazu gehört zum Beispiel ADHS. Als mögliche Ursache nennt der Epidemiologe Andreas Stang laut »Psychologie Heute«[67] bestimmte soziale Einflüsse, die im Osten häufiger vorkommen könnten. Dazu zählt unter anderem, dass Kinder in einer niedrigen sozialen Schicht aufwachsen oder mit einem Vater, der Alkoholprobleme hat. In Ostdeutschland sind 26,3 Prozent der

---

66 Dirk Baier, Christian Pfeiffer, Julia Simonson und Susann Rabold: Jugendliche in Deutschland als Opfer und Täter von Gewalt. Erster Forschungsbericht zum gemeinsamen Forschungsprojekt des Bundesministeriums des Innern und des KFN. Hannover 2009.

67 Sind ostdeutsche Kinder aufmerksamkeitsgestörter? Psychologie Heute. 12.06.2007.

Kinder armutsgefährdet. Im Westen sind es 17,4 Prozent.[68] Außerdem sind sie oft belastet durch eine Überschuldung ihrer Eltern und durch Räumungsklagen. Schlecht für die Entwicklung ist auch, dass ostdeutsche Kinder häufig nicht regelmäßig Sport treiben. Das zeigte eine große Studie zur Gesundheit von Kindern und Jugendlichen in Ostdeutschland.[69] Erkrankungen wie ADHS wiederum verschlechtern die Aussichten auf eine erfolgreiche Schullaufbahn. Wer in der Schule scheitert, landet später eher in der Arbeitslosigkeit. Und damit in einer Bevölkerungsgruppe, die besonders stark zu Ausländerhass neigt. »Das liegt daran, dass Zuwanderer als Sündenbock für die hohe Arbeitslosigkeit herhalten müssen«, sagt Elmar Brähler. »Obwohl es in Ostdeutschland kaum Zuwanderer gibt.« Arbeitslose hätten außerdem im Durchschnitt einen niedrigeren Bildungsgrad, der Fremdenfeindlichkeit fördere.

47 Prozent aller rassistischen Gewalttaten wurden 2014 laut Zahlen des Bundesinnenministeriums in Ostdeutschland begangen. Und das, obwohl dort nur 20 Prozent der deutschen Bevölkerung leben. In einigen kleinen Gemeinden in Ostdeutschland haben Neonazis erschreckend viel Macht. In Mecklenburg-Vorpommern sitzt die NPD sogar im Parlament.

Die NPD im Osten habe sich gezielt an orientierungslose Jugendliche gewandt, wo oft eine größere Gewaltbereitschaft herrsche, sagte der Soziologe Matthias Quent zu »Zeit Online«. Sie habe sich Subkulturen geöffnet, die Revierkämpfe in Kleinstädten ausfechten.

Um dem eigenen Elend zu entkommen, steigern sich viele Menschen in die Vorstellung hinein, Zuwanderern und Flücht-

68 Baumann, Helge, Seils, Eric: Wie »relativ« ist Kinderarmut? Armutsrisiko und Mangel im regionalen Vergleich. WSI Report 11, Januar 2014.

69 Kiggs: Studie zur Gesundheit von Kindern und Jugendlichen in Deutschland. Robert-Koch-Institut. Berlin 2006.

lingen überlegen zu sein. Psychologen nennen dieses Phänomen »Entwertung«. Menschen werten andere ab, um ihren eigenen inneren Konflikt zu bewältigen. Dieser Konflikt hat oft ganz andere Ursachen. Die »Entwertung« gilt heute als einer von mehreren psychischen Abwehrmechanismen. Diese psychischen Abwehrmechanismen wurden ursprünglich entdeckt von Anna Freud, der Tochter von Sigmund Freud. Sie erklärte sie als unbewusste Bewältigungsstrategie, die vom Ich ausgeht: »Seine Absicht ist die dauernde Lahmlegung von Trieben durch geeignete Abwehrmaßnahmen, die der Sicherung seiner Grenzen dienen sollen.«[70] Die Entwertung gehört zu den affektgesteuerten, primitiven Abwehrmechanismen. In krankhafter Ausprägung ist sie das Anzeichen einer Neurose oder einer narzisstischen Persönlichkeitsstörung.

Auch in der aktuellen Asyldebatte zeigt sich, wie Menschen mit verletztem Ego andere abwerten, um selbst besser dazustehen. Forscher der Universität Salzburg haben Fremdenhass genau daraufhin untersucht. Ihr Ergebnis: »Labile, ängstlich-gehemmte Persönlichkeitstypen wählen als Angstbewältigungsstrategie meist die starke Identifikation mit der eigenen kulturellen Gruppe«, schreiben die Psychologen.[71] Das heißt, die »besorgten Bürger« werten Asylbewerber und Zuwanderer ab, um ihre deutsche Identität zu erhöhen. Dann fühlen sie sich stark und sicher. Und vergessen, dass es in ihrem Leben sonst nicht viel gibt, das ihnen dieses Gefühl geben könnte. Der Salzburger Psychologe Dmitrij Agroskin erklärt den aktuellen Ausländerhass so:

---

70   Anna Freud: Das Ich und die Abwehrmechanismen. Frankfurt am Main 1936.

71   Dmitrij Agroskin: The role of anxious and approach-motivated personalities in managing threat: A biopsychosocial approach. Unpublished dissertation, University of Salzburg, Austria.

»Wenn wir uns existentiell bedroht und dabei zugleich ohnmächtig fühlen, wird in uns ein System aktiviert, das all unsere Aufmerksamkeit auf diese Bedrohung richtet. Ob es sich um die Angst vor dem islamistischen Terror oder die Angst vor dem finanziellen Kollaps durch die Wirtschaftskrise handelt.«

Es gibt viele Gründe, sich in Deutschland Sorgen zu machen. Die Schere zwischen Arm und Reich geht immer weiter auseinander. Die Eurokrise hat gezeigt, dass unser Finanzsystem angreifbar ist. Und gerade in Ostdeutschland ist vielen Menschen ein perspektivloser Weg vorgezeichnet. Angesichts solcher Unsicherheiten verfallen einige Menschen in eine Angststarre. »Sie bauen Mauern in ihren Köpfen auf«, erklärt Agroskin. Das tun sie, weil sie sich nach Ordnung sehnen und ambivalente oder verwirrende Gedanken ablehnen. Agroskin hat untersucht, was dabei im Kopf solcher Menschen passiert. Er maß die Hirnaktivität von Testpersonen, die mit bedrohlichen Themen konfrontiert wurden. Bei den labilen Persönlichkeiten waren die für Angst zuständigen Hirnareale länger und stärker aktiv als bei den anderen Persönlichkeitstypen. Stabile und offene Menschen überwanden diesen Zustand schneller. Bei ihnen waren die Hirnareale aktiv, die für das Handeln zuständig sind. »Mich überrascht immer wieder, dass die Quelle der Bedrohung und die Art, wie die Menschen reagieren, oft in überhaupt keinem logischen Zusammenhang stehen«, sagt die Salzburger Sozialpsychologin Eva Jonas, die das Projekt betreute. Ein gutes Beispiel ist für sie die Angst vor der Islamisierung, also der Versuch, die eigene Identität gegen eine fremde abzugrenzen – und zwar nur als Reaktion auf eine diffuse Bedrohung durch Zuwandererströme.

Ausländerhasser haben oft selbst das Gefühl, nicht zur Gesellschaft zu gehören. Der Pädagoge Michael Müller spricht bei diesen Menschen von eigenen sozialen Desintegrationserfahrungen und von einer allgemeinen Orientierungslosigkeit.

Müller forscht im Auftrag des Instituts für interdisziplinäre Konflikt- und Gewaltforschung an der Universität Bielefeld. Er erklärt Fremdenfeindlichkeit so: »Wer also den Eindruck hat, nicht ausreichend am gesellschaftlichen Leben partizipieren zu können, oder im Allgemeinen den Eindruck hat, man wisse heute nicht mehr so recht, woran man sich halten könne, neigt zur Abwertung schwacher Gruppen«, sagte er der Zeitschrift »Grenzwertig«.[72]

Wenn »besorgte Bürger« Ausländer abwerten, dann stärken sie damit ihre eigene soziale Identität. Und das ist ein Urbedürfnis des Menschen, das Wissenschaftler seit Jahrzehnten erforschen. Mit der Theorie der sozialen Identität lässt sich gut erklären, woher Fremdenfeindlichkeit eigentlich kommt. Entworfen hat sie der Sozialpsychologe Henri Tajfel, der in den 1970er-Jahren ein faszinierendes Experiment durchführte.[73] Schüler wurden dabei in zwei Gruppen aufgeteilt. Dann sollten sie zwischen ihrer eigenen Gruppe und der anderen Punkte aufteilen. Sie bevorzugten dabei ganz klar ihr eigenes Team. Und nicht nur das. Sie achteten darauf, dass der Abstand zu der anderen Gruppe möglichst groß war. Es ging ihnen nicht darum, ihre Gruppe maximal zu bereichern. Denn sie wussten, dass die Punkte fiktiv sind und sie keine realen Vorteile davon haben. Stattdessen wollten sie ihr Team besser dastehen lassen als das andere, denn das stärkte ihre soziale Identität. Es kann entscheidend für das Selbstwertgefühl sein, sich einer Gruppe zugehörig zu füh-

---

72 Die Abwertung Asylsuchender steht in Relation zur allgemeinen Fremdenfeindlichkeit. Interview von Matthias Köberlein. Grenzwertig – Zeitschrift für Migration und Menschenrechte. Ausgabe 7, Sommer 2014. Schwalbach 2014.

73 Henri Taifel, M. G., Billig, R. P. Bundy und Claude Elament: Social categorization and intergroup behaviour. European Journal of Social Psychology. Volume 1, Issue 2, April/June 1971. New York 1971.

len. Besonders dann, wenn die Gruppe als »besser« wahrgenommen wird als andere Gruppen. Menschen mit verletztem Selbstwertgefühl neigen besonders stark zu Vorurteilen gegenüber anderen Gruppen. Das zeigt eine sehr aufschlussreiche Studie aus dem Jahr 1997. Die Forscher legten Studenten einen vermeintlichen Intelligenztest vor, der eigentlich gar nichts aussagte. Dann teilten sie die Probanden in zwei Gruppen ein. Die eine Gruppe bekam nach dem Test positives Feedback. Den Teilnehmern der anderen Gruppe sagten die Forscher, sie hätten bei dem Test schlecht abgeschnitten. Die Forscher luden die Studenten im Anschluss zu einem anderen Versuch ein, der nichts mit dem ersten zu tun zu haben schien. Die Studenten sollten zwei Bewerber für eine Stelle bewerten. Einer der Kandidaten war jüdischer Herkunft. Der andere stammte aus Italien. Zuvor hatten die Forscher durch Umfragen herausgefunden, dass antisemitische Einstellungen auf dem Campus verbreitet waren. Vorurteile gegen Italiener gab es dagegen kaum. Die Teilnehmer, deren Selbstwertgefühl durch das schlechte Testergebnis gelitten hatte, bewerteten den jüdischen Bewerber schlechter. Die Teilnehmer mit einem guten Testergebnis machten bei der Bewertung keinen Unterschied zwischen den beiden Kandidaten. Nachdem die gekränkten Teilnehmer den jüdischen Bewerber abgewertet hatten, stieg ihr Selbstwert wieder. In dem Versuch hatten die Teilnehmer mit verletztem Selbstbewusstsein also stärkere Vorurteile gegenüber Minderheiten. Und das, obwohl die Kränkung gar nicht von einem Menschen jüdischer Herkunft ausgegangen war. Ursache und Wirkung hatten nichts miteinander zu tun, denn die Logik ist bei Vorurteilen außer Kraft gesetzt. Die Abwertung läuft unbewusst ab. Ausländerhasser merken gar nicht, dass ihre Ablehnung nur eine Reaktion auf ganz andere innere Vorgänge ist. Sie sind unfähig, die wahre Ursache ihres Frusts zu erkennen. Deshalb machen sie zum Beispiel Flüchtlinge dafür verantwortlich, dass sie keinen Job haben. Oder keine Perspektive für die Zukunft. Oder Geldprobleme. Oder alles zusammen. Sie sehen in Zuwanderern die Ursache für die wachsende soziale Ungleichheit. Dabei haben Zuwanderer nichts damit zu tun – besonders nicht in Ostdeutschland, denn dort gibt es ja kaum Zuwanderer.

11. ERIKA STEINBACH, EVA HERMAN, THILO SARRAZIN UND ANDERE PÖBELPROMIS

Es gibt in Deutschland Persönlichkeiten des öffentlichen Lebens, die mit ihren aggressiven Thesen nach Zustimmung gieren. Sie kauen vor, was die Hassbürger nachlallen, und leisten dadurch einen entscheidenden Beitrag dazu, dass sich die Verdummung ausbreiten kann. Erika Steinbach, Eva Herman, Thilo Sarrazin, Akif Pirinçci und andere prominente Pöbler haben eine besondere Stellung in der Öffentlichkeit oder waren zumindest einmal bedeutsam. Allein aus dieser Rolle heraus haben sie für viele Deutsche eine gewisse Glaubwürdigkeit. Sie fühlen sich deshalb offenbar berechtigt, völlig absurde Behauptungen auszusprechen und gegen bestimmte Bevölkerungsgruppen Stimmung zu machen. Plumpe Thesen, die normalerweise mehr oder weniger unbeachtet in den Kommentarspalten verreckt wären, finden durch sie ein großes Publikum. Viele Aussagen bewegen sich in Richtung Rechtspopulismus. Und sie sind gefährlich, auch wenn es erst einmal nur Worte sind. Denn Rechtspopulismus steht dem Rechtsextremismus gefährlich nahe, wie Forscher der Friedrich-Ebert-Stiftung in ihrer Studie »Die Abwertung der Anderen«[74] feststellen:

> »Der Populismus leitet von Vorurteilen die Forderung nach Exklusion ab, der Rechtsextremismus neigt auf Basis von Vorurteilen darüber hinaus dazu, Gewaltideologien gegen Fremde und Andere zu propagieren und auszuhandeln. Kurz gesagt: Der Populismus beschimpft, der Extremismus bekämpft; beide Ideologien bedienen sich dabei menschenfeindlicher Vorurteile und bedienen sie zugleich.«

Wenn sogar Politiker der Volksparteien krude Thesen äußern, ist es dann ein Wunder, dass immer mehr deutsche Bürger das auch tun?

ERIKA STEINBACH

»Die Nazis waren eine linke Partei«

Es ist kaum zu glauben, dass eine hochrangige CDU-Politikerin wie Erika Steinbach 2012 folgende Behauptung über die NSDAP verbreiten durfte: »Die NAZIS waren eine linke Partei. Vergessen? NationalSOZIALISTISCHE deutsche ARBEITERPARTEI«, schrieb sie auf Twitter. Auch wenn die NSDAP einen linken Flügel hatte, ist das eine irre Geschichtsverdrehung. Vor allem wenn man bedenkt, dass Hitler den Parteinamen wählte, weil die Arbeiter die größte Wählergruppe waren. Die NSDAP gab sich den Anstrich des Sozialismus, um ungehindert rechts-

---

74 Andreas Zick u.a.: Die Abwertung der Anderen.

extreme Politik machen zu können. Der Sprachwissenschaftler Horst Dieter Schlosser bezeichnet den Namen »Nationalsozialistische Deutsche Arbeiterpartei« als »Camouflage ersten Ranges«,[75] denn die NSDAP wandte sich in Wahrheit gegen alles, was links im politischen Spektrum war. Die Wähler im Dritten Reich durchschauten diesen Trick nicht. Und Erika Steinbach, die immerhin dem CDU-Fraktionsvorstand angehört, offenbar auch nicht. Es war nicht das erste Mal, dass sie mit ihren Ansichten zur deutschen Geschichte provozierte. Steinbach ist seit 25 Jahren Mitglied des Bundestages, und bis 2014 war sie auch Präsidentin des Bundes der Vertriebenen. In dieser Funktion sorgte sie oft für Empörung. Während einer Vorstandssitzung der Unionsfraktion verteidigte sie einen Vertriebenenfunktionär, der Polen vorgeworfen hatte, vor dem Zweiten Weltkrieg »besonders kriegerisch« aufgetreten zu sein. Der deutsche Angriff auf Polen sei nur der zweite Schritt gewesen, hatte er behauptet. In der Sitzung sagte Steinbach dann tatsächlich: »Ich kann es auch leider nicht ändern, dass Polen bereits im März 1939 mobil gemacht hat.« Das ist zwar rein faktisch richtig, aber Polen reagierte damit auf die Drohungen und Gebietsforderungen aus Deutschland. Eine Tatsache, die man nicht unerwähnt lassen darf. In Polen wurde Steinbach übrigens 2009 in einer Umfrage der Tageszeitung »Rzeczpospolita« zu einem der meistgefürchteten Menschen gewählt. Größer war nur die Angst vor dem damaligen russischen Ministerpräsidenten Wladimir Putin. Im Mai 2015 war Erika Steinbach in der Talk-Sendung von Anne Will zu Gast. Es ging um das Thema »70 Jahre nach der Befreiung – Müssen wir Russland heute noch dankbar sein?«. Und natürlich provozierte Steinbach auch dieses Mal mit umstrittenen Aussagen zum Kriegsende. »Von Befreiung zu sprechen ist eine

---

75   Horst Dieter Schlosser: Sprache unterm Hakenkreuz. Eine andere Geschichte des Nationalsozialismus. Köln, Weimar, Wien 2013.

Vereinfachung der damaligen Geschehnisse«, sagte sie. Und: »Da Hitler und Stalin Brüder im Geiste waren, Spießgesellen und gemeinsam Polen überfallen haben, habe ich große Probleme mit der Vokabel Dankbarkeit.« Merken Sie etwas? Das klingt verdächtig nach dem Whataboutism, der in den Köpfen der »besorgten Bürger« sitzt. Im Sinne von: Ja, natürlich war Hitler schlimm, aber Stalin hat auch ganz böse Dinge getan. Steinbach weigerte sich hartnäckig, im Bezug auf das Kriegsende von Befreiung zu sprechen. »Die Hälfte Europas war nicht befreit, weil wir von einer Diktatur in die andere kamen«, sagte sie. Aber was wäre passiert, wenn es diese Befreiung nicht gegeben hätte?

Erika Steinbach hat nicht nur zweifelhafte Ansichten über die deutsche Geschichte. Auch in aktuellen Debatten hat sie fast immer etwas zu sagen – und es ist selten etwas Intelligentes. Zum Thema Islamisierung behauptete sie gegenüber der »Freien Presse«, dass deutschstämmige Kinder in vielen Fußballvereinen in der absoluten Minderheit seien. In der Folge übernähmen die deutschen Kinder neben dem »türkischen Akzent« ihrer Sportkameraden auch deren »weltanschauliche Ansichten«. Ähnlich absurd argumentiert sie auch gegen die Homoehe. Nur ein Mann und eine Frau könnten in der Ehe Kinder zeugen, und alles andere sei für den Staat unpraktisch, sagte sie 2013 in einem Talk von Anne Will. In der Sendung übertraf sie ihre Aussagen zur Gleichstellung homosexueller Paare noch mit einem verrückten Vergleich. Sie sagte: »Wenn ich in meinem Garten Petersilie und Schnittlauch anpflanze, bekomme ich keine Agrarhilfe.«

Auch auf Twitter ist Erika Steinbach sehr aktiv. Dass sie dort für ihre Pöbeleien nur 140 Zeichen zur Verfügung hat, macht das Ganze noch schlimmer. Nach dem Attentat auf die Redaktion des Satiremagazins »Charlie Hebdo« löste Steinbach mit einem ziemlich unangebrachten Zwinker-Smiley Empörung aus. Sie twitterte: »Nur kath. Kirche kritisieren, sonst lebensgefährlich ;)«

Über eine Initiative der DGB-Jugend, die gegen Rechtsextremismus in Siegen kämpft, twitterte sie: »Sonst noch Probleme in Siegen?«

Auch mit ihren Aussagen über Flüchtlinge irritiert Erika Steinbach. Das erscheint besonders absurd, weil sie die Sprecherin für Menschenrechte und Humanitäre Hilfe der CDU/CSU-Bundestagsfraktion ist. Ausgerechnet sie schrieb auf Twitter: »Gerade sind im ZDF die gewalttätigen Flüchtlinge in Serbien zu sehen. Wir wissen, was uns erwartet!« Kurz zuvor teilte sie einen Artikel des umstrittenen Portals kath.net, das oft auf Artikel der rechten Wochenzeitung »Junge Freiheit« verweist. »Muslimische Asylbewerber attackieren Christenpaar wegen Kreuzkette«, lautete die Überschrift.

Vor Kurzem kündigte Steinbach das Ende ihrer politischen Karriere an. 2017 will sie nicht mehr zur Bundestagswahl antreten. Vorsitzende des Zentrums gegen Vertreibungen will sie allerdings bleiben. Doch auch in diesem Amt machen sich ihre Äußerungen nicht gut.

»Für jemanden, der selbst mal Flüchtling war, ist Ihr Kommentar sehr daneben«, schrieb ein Twitter-Nutzer über ihre Äußerungen. Er verweist damit auf Steinbachs Herkunft: Ihre Familie musste nach dem Ende des Zweiten Weltkriegs aus Polen fliehen.

EVA HERMAN

»Europa wird geflutet mit Afrikanern und Orientalen«

Auch Eva Herman hat gezeigt, wie man sich von einer angesehenen Persönlichkeit zur Krawallmacherin entwickelt. Früher war sie eine der beliebtesten »Tagesschau«-Moderatorinnen. Heute schreibt sie für den Kopp-Verlag und hat jeden Anspruch darauf verloren, von der breiten Öffentlichkeit ernst genommen zu werden.

Als Herman 2006 ihr Buch »Das Eva-Prinzip« veröffentlichte, polarisierte sie mit einem konservativen Frauenbild. Mutterschaft sei für das Glück der Frau wichtiger als Karriere, urteilte sie. »Wir Frauen sollten nicht mehr konkurrieren, wir sollten uns auf unsere natürlichen Fähigkeiten besinnen.« Frauen sollten lieber zu Hause bleiben und Kinder bekommen – sonst würden die Deutschen aussterben. Eine Frau sei viel eher dazu in der Lage, das Haus heimelig zu machen, schöne Blumen aufzustellen und Apfelkuchen zu backen, schrieb Herman in ihrem Buch. Und überhaupt: »Frauen sollten öfter einfach mal den Mund halten. Warum müssen wir immer alles mitbestimmen?« Diese Thesen stießen zwar eine heftige Debatte an, waren aber nichts im Vergleich zu dem Skandal, der noch kommen sollte. Bei einer Pressekonferenz zu ihrem nächsten Buch »Das Prinzip Arche Noah« zog Herman einen seltsamen Vergleich zur NS-Zeit, der das Ende ihrer TV-Karriere einleitete.

Das »Hamburger Abendblatt« zitierte sie so: »In diesem Zusammenhang machte die Autorin einen Schlenker zum Dritten Reich. Da sei vieles sehr schlecht gewesen, zum Beispiel Adolf Hitler, aber einiges eben auch sehr gut. Zum Beispiel die Wertschätzung der Mutter.« In den Medien wurde Eva Herman vorgeworfen, den Nationalsozialismus zu verharmlosen. Wenige Tage nach der Pressekonferenz feuerte der NDR seine langjährige Moderatorin mit sofortiger Wirkung. Seinen Höhepunkt erreichte der Skandal, als Johannes B. Kerner Eva Herman aus seiner Sendung warf. Sie hatte sich immer weiter in ihre umstrittenen Thesen verstrickt, von der »gleichgeschalteten Presse« gesprochen und gleich den nächsten NS-Vergleich nachgelegt: »Es sind auch Autobahnen gebaut worden damals, und wir fahren heute drauf!« Da verkündete Kerner, er habe sich entschieden, mit seinen drei Gästen weiterzureden und sie, Eva, zu verabschieden. Herman verließ das Studio, und der Eklat war perfekt. Eva Herman fand viele Verteidiger, gerade unter erbosten Zuschauern und Zeitungslesern. Von einer »medialen Hinrichtung« war die Rede. Auch Herman selbst warf den Medien Rufmord vor. Das »Hamburger Abendblatt« habe ihr Zitat zur Familienpolitik in der NS-Zeit falsch wiedergegeben, sagte Eva Herman und klagte. Sie zog bis vor das Bundesverfassungsgericht, das ihre Beschwerde 2012 schließlich ablehnte. Die Zeitung habe ihr Zitat »weder unrichtig noch verfälscht oder entstellt wiedergegeben«, urteilten die Verfassungsrichter. Wie der Mitschnitt eines Radiojournalisten zeigte, hatte Eva Herman bei der Buchvorstellung wortwörtlich gesagt:

»Wir müssen den Familien Entlastung und nicht Belastung zumuten und müssen auch 'ne Gerechtigkeit schaffen zwischen kinderlosen und kinderreichen Familien. Und wir müssen vor allem das Bild der Mutter in Deutschland auch wieder wertschätzen lernen, das leider ja mit dem, äh, Nationalsozialismus und der darauf folgenden 68er-Bewegung abgeschafft wurde. Mit den 68ern wurde damals praktisch alles das, was wir an Werten hatten, es war 'ne grausame Zeit, das war ein völlig durchgeknallter, hochgefährlicher Politiker, der das deutsche Volk ins Verderben geführt hat, das wissen wir alle, äh, aber es ist damals eben auch das, was gut war, und das sind Werte, das sind Kinder, das sind Mütter, das sind Familien, das ist Zusammenhalt – das wurde abgeschafft.«

Viele Menschen fanden, dass Eva Herman zu heftig verurteilt worden sei. Doch spätestens seit Herman für den Kopp-Verlag schreibt, ist ihre restliche Glaubwürdigkeit verschwunden. Einen Tag nach dem Loveparade-Unglück 2010 bezeichnete sie die Veranstaltung in einem Kommentar auf der Webseite des Verlags als »Sodom und Gomorra« und als »riesige Drogen-, Alkohol- und Sexorgie«.

21 Menschen waren bei einem Gedränge auf dem Veranstaltungsgelände in Duisburg gestorben. Herman schrieb: »Eventuell haben hier ja auch ganz andere Mächte mit eingegriffen, um dem schamlosen Treiben endlich ein Ende zu setzen.«

17 Jahre lang trug jemand in der »Tagesschau« die Nachrichten vor, der zu solchen Gedanken fähig ist. Schlummerten sie schon immer in ihrem Kopf?

Es ist kein Wunder, dass Herman sich nur zu gern dem Glauben an die große Medienverschwörung anschließt. »Es herrscht Propaganda, viele Lügen und viele Unwahrheiten, die in den Zeitungen, in den Mainstreammedien berichtet werden«, sagt sie in einem YouTube-Video des sogenannten Instituts für Wirtschaftsforschung und Gesellschaftspolitik, hinter dem der Verschwörungstheoretiker Andreas Popp steht. Herman wirft den Medien sogar vor, einen Krieg gegen Russland vorzubereiten.

Natürlich meldete sich Eva Herman auch in der Flüchtlingsdebatte zu Wort. Sie veröffentlichte im August 2015 einen Aufsatz auf der Webseite des gleichen Instituts. Darin faselt Herman von einem großen, geheimen Plan. Deutschland sei ein zum Kriegsgebiet erklärtes Land, das von unzähligen Asylsuchenden Stück für Stück eingenommen werde. Hinter der Flüchtlingskrise stehe eine Strategie, die unsere Lebensstrukturen vernichten werde. »Erste Unruhen unter den verschiedenen Glaubenskulturen malen hässliche Gesichter der Zukunft«, schreibt Herman mit einem Pathos, von dem einem übel werden kann. Sie bedient alle Vorurteile, die »besorgte Bürger« in den Kommentarspalten herbeibeschworen haben. Warum haben die Flüchtlinge ein Smartphone? Die sind doch angeblich so arm! Woher haben sie das Geld für die Schleuser? So eine Überfahrt ist doch verdammt teuer. Und so weiter und so fort. Wieso kommen »die vielen Fremden so urplötzlich in dieser gewaltigen Masse«, fragt Herman. Hat ihnen etwa jemand das Zeichen zum Aufbruch gegeben? Dass im Sommer die meisten neuen Flüchtlinge aus Syrien kamen, erwähnt sie nicht. Auch nicht, dass sich die Lage in dem vom Bürgerkrieg zerrütteten Land immer weiter zuspitzt. Herman schürt Vorurteile gegen Flüchtlinge: »Viele von ihnen kommen nicht in friedlicher, hilfesuchender Verfassung, sondern sie sind laut, streitsüchtig, verprügeln sich gegenseitig, spucken Einheimische an, und sie fordern ein besseres Leben«, schreibt sie. Die Fremden hätten Rechte, die für bedürftige Menschen hierzulande jahrzehntelang nicht existiert hätten. Sie erhielten Geld, Wohnraum, Zuwendung, mediale und politische Anerkennung – für Herman ist das völlig unverständlich. Europa werde geflutet mit Afrikanern und Orientalen, die unsere christliche Kultur zerstören sollen. Schon der »gleichmachende Euro« sei ein Vorbereitungsinstrument dafür. Und überhaupt sei ja auch der 11. September ein tödlicher Trick gewesen, der mit der aktuellen Situation in einem engen Zusammenhang stehe.

Ich wiederhole: Das alles stammt tatsächlich von einer einst angesehenen Moderatorin des öffentlich-rechtlichen Fernsehens. Und während die einen sie als gescheitert sehen, bewundern ihre Fans von der Aluhut-Fraktion sie für ihren Mut, die Wahrheit zu sagen. Gestatten, Eva Herman, Verschwörungsbarbie.

Ihre absurde Abhandlung beendete sie mit dem Gedanken, dass die vielen hunderttausend Smartphones womöglich Teil der Strategie wären, Deutschland zu gegebener Zeit zu unterwerfen. Weil sie vielleicht »jenes Horn für einen jeden Dschihad-Kämpfer darstellen, in welches weltweit, vor allem und gerade auch in Deutschland, auf Kommando zum Halali geblasen wird. Dann Gnade uns allen Gott.«

Atheisten mögen jetzt vielleicht einwenden: Wenn es einen Gott gäbe, hätte er uns das wirre Gerede einer Eva Herman sicherlich erspart.

THILO SARRAZIN

»Ich muss niemanden anerkennen, der ständig neue kleine Kopftuchmädchen produziert«

Eva Herman war 2013 zu einer umstrittenen Konferenz eingeladen, bei der auch Thilo Sarrazin als Redner auftreten sollte. Das Motto der rechtspopulistischen Veranstaltung: »Werden Europas Völker abgeschafft? Familienfeindlichkeit, Geburtenabsturz und sexuelle Umerziehung«. Ein Thema, bei dem sich die geistige Verwandtschaft von Herman und Sarrazin zeigt. Der Fall Sarrazin ist dennoch ein besonderer. Denn seine Karriere lässt eigentlich darauf schließen, dass er intelligent und fachlich kompetent ist. Der Mann war schließlich jahrzehntelang im öffentlichen Dienst des Bundes tätig, als Referatsleiter in den Bundesministerien für Arbeit und Finanzen. Er war im Vorstand der Deutschen Bahn. Als Finanzsenator verschaffte er dem chronisch klammen Land Berlin den ersten Haushaltsüberschuss seiner Geschichte. Dann wurde er sogar in den Vorstand der Deutschen Bundesbank berufen. Das ist durchaus ein ansehnlicher Lebenslauf. Und trotzdem macht Sarrazin öffentlich immer wieder Aussagen, die bemerkenswert einfältig sind. Ist das Kalkül? Eine Anbiederung an das einfache Stammtischvolk? Oder handelt es sich um Momente von vorübergehender Unzurechnungsfähigkeit? Es müssten dann sehr viele solcher Momente sein, zugegeben. Mit seinem strengen Speiseplan für Hartz-IV-Empfänger stieß Sarrazin 2008 auf Spott und Entrüstung. Um zu beweisen, dass die staatlichen Leistungen hoch genug sind, rechnete er vor, dass man sich für 4 Euro pro Person am Tag gesund und ausgewogen ernähren könne. Mittags sollte es dann zum Beispiel eine Bratwurst, 150 Gramm Sauerkraut und eine Portion Kartoffelbrei geben – eine Mahlzeit für 95 Cent. Für einen Singlehaushalt geht die Rechnung allerdings nicht auf, weil die Packungen im Laden größer und deshalb teurer sind. Es sei denn, es kommt jeden Tag das Gleiche auf den Tisch. Und dann hätte sich das mit der Vielfalt erledigt. CDU-Politiker Heiner Geißler nannte Sarrazin einen »politischen Provokateur«. Dem »Tagesspiegel« sagte er: »Man darf auch fragen, ob ein Berliner Regierungsmitglied mit ›Geiz ist geil‹-Parolen arme Leute folgenlos verhöhnen darf.«[76] Doch Sarrazin hatte sich gerade erst warm gepöbelt. Wenig später warf er im »Stern«[77] Hartz-IV-Empfängern vor, zu hohe Heizkosten zu produzieren. »Hartz-IV-Empfänger sind erstens mehr zu Hause; zweitens haben sie es gerne warm, und drittens regulieren viele die Temperatur mit dem Fenster«, sagte er. Schon zuvor hatte er ihnen empfohlen, einfach einen dicken Pullover anzuziehen, statt die Heizung aufzudrehen.

Außerdem behauptete er, manche Frauen würden zwei, drei Kinder in die Welt setzen, obwohl sie »nicht das Umfeld« oder die »persönlichen Eigenschaften« hätten, um die Erziehung zu bewältigen. Deswegen müsse das Sozialsystem laut Sarrazin dahingehend geändert werden, »dass man nicht durch Kinder seinen Lebensstandard verbessern kann, was heute der Fall ist«. »Die große Frage ist: Wie kann ich es schaffen, dass nur diejenigen Kinder bekommen, die damit fertig werden«, fragte er. Sarrazin war zu diesem Zeitpunkt bereits Mitglied im Vor-

76   Heiner Geißler, »Darf Sarrazin Arbeitslose folgenlos verhöhnen?«. Tagesspiegel, 13.02.2008.

77   Thilo Sarrazin: »Kinder kann kriegen, wer damit fertig wird«. Andreas Hoffmann. Stern, 13.05.2009.

stand der Bundesbank, die sich von seinen Aussagen distanzierte. »Die Äußerungen Sarrazins geben nicht die Position der Bundesbank wieder«, teilte ein Sprecher mit. Doch damit war es nicht getan. Wenige Monate später musste sich die Bundesbank wieder für die Pöbeleien ihres Vorstandsmitglieds rechtfertigen: »Die Deutsche Bundesbank distanziert sich entschieden in Inhalt und Form von den diskriminierenden Äußerungen von Dr. Thilo Sarrazin«, hieß es, als Sarrazin rassistische Thesen in der Zeitschrift »Lettre International«[78] verbreitete. Er behauptete, dass die muslimischen Zuwanderer in Berlin nicht integrationswillig seien. »Ich muss niemanden anerkennen, der vom Staat lebt, diesen Staat ablehnt, für die Ausbildung seiner Kinder nicht vernünftig sorgt und ständig neue kleine Kopftuchmädchen produziert«, schimpfte Sarrazin. Das gelte für 70 Prozent der türkischen und 90 Prozent der arabischen Bevölkerung in Berlin. Ausländer sollten keine staatlichen Transferleistungen mehr bekommen, sagte Sarrazin. Die Lösung dieses Problems könne nur heißen: kein Zuzug mehr, und wer heiraten wolle, solle das im Ausland tun. Für diese Forderung bekam Sarrazin zweifelhaftes Lob. Unter anderem vom innenpolitischen Sprecher der sächsischen NDP-Fraktion, der vorschlug, ihn zum Ausländerbeauftragten der Bundesregierung zu machen.[79] Eine geordnete Rückführung der in Deutschland lebenden Ausländer in ihre Heimatländer könne dann endlich in Angriff genommen werden. Den »Zeit«-Journalisten Christian Staas erinnerten Sarrazins Aussagen an »rassenbiologische Schriften«. Der Bundesvorsitzende der Türkischen Gemeinde in Deutschland, Kenan Kolat, nannte sie stigmatisierend und menschenverachtend. Vieles von dem, was Sarrazin behaup-

---

78 Klasse statt Masse. Von der Hauptstadt der Transferleistung zur Metropole der Eliten. Lettre International, Herbst 2009.

79 Webseite der NPD, 2.10.2009.

tete, sei statistisch nicht belegbar, sagte auch der Direktor des Berlin-Instituts für Bevölkerung und Entwicklung, Reiner Klingholz, der »Süddeutschen Zeitung«.[80] Dass sich zum Beispiel 70 Prozent der türkischen Zuwanderer in Berlin nicht integrieren wollten, könne so sein. Es könne aber auch nicht so sein. Als der Reporter der »Süddeutschen« Sarrazin damit konfrontierte, hatte der eine seltsame Antwort. Wenn man keine Zahl habe, dann müsse »man eine schöpfen, die in die richtige Richtung weist«, sagte er. »Und wenn sie keiner widerlegen kann, dann setze ich mich mit meiner Schätzung durch.«

Das erinnert mich an ein kluges Gespräch, das ich vor vielen Jahren mit dem kanadischen Zauberkünstler James Randi geführt habe. Randi enttarnte die Tricks von Menschen mit angeblich übersinnlichen Kräften. Und die argumentierten oft, dass man nicht beweisen könne, dass sie keine übersinnlichen Kräfte haben.

»Man kann die Nichtexistenz nicht beweisen«, sagte Randi. »Zum Beispiel kann ich sagen: Es gibt blaue Giraffen in Afrika. Um das zu widerlegen, müsste ich ein ganzes Leben damit verbringen, durch Afrika zu reisen und jede einzelne Giraffe finden.« Das erinnert mich an die statistischen Taschenspielereien Sarrazins.

Sein Interview blieb nicht ohne Folgen. Einzelne SPD-Verbände forderten, Sarrazin aus der Partei auszuschließen. Sie legten ein Gutachten des Extremismusforschers Gideon Botsch vom Moses-Mendelssohn-Zentrum in Potsdam vor. Botsch urteilte, dass die Interviewaussagen über türkische und arabische Zuwanderer »eindeutig als rassistisch zu betrachten« seien. Doch die SPD-Landesschiedskommission wies die Anträge ab. Der Türkische Bund Berlin-Brandenburg stellte einen Strafantrag

---

80   Stefan Klein: Zartbitter. Süddeutsche Zeitung, 01.03.2010.

wegen Volksverhetzung und Beleidigung, der folgenlos blieb. Die Staatsanwaltschaft wertete Sarrazins Thesen als Ausdruck freier Meinungsäußerung. Dafür wurde Deutschland 2013 vom Antirassismusausschuss der Vereinten Nationen gerügt. Die UN kritisierte, dass es keine effektive Untersuchung der Äußerungen gegeben habe. Trotzdem konnte Sarrazin weitermachen. Und er hatte noch einiges zu sagen. Mit »Deutschland schafft sich ab« veröffentlichte er 2010 ein Buch, das Ausländern die Schuld an einer Verdummung der Gesellschaft gibt. Es würden zu viele Kinder in der Unterschicht geboren, der Intelligenzdurchschnitt sinke, schreibt Sarrazin.[81] Von den in Deutschland lebenden Menschen mit muslimischem Migrationshintergrund hätten 30 Prozent überhaupt keinen Schulabschluss und nur 14 Prozent Abitur, behauptet Sarrazin. Und baut sich wieder einmal seine eigene dystopische Wirklichkeit. Die Zahlen hat er selbst berechnet, aus Rohdaten des Mikrozensus 2007. Es gibt starke Zweifel an ihrer Richtigkeit. Die Sozialpädagogin Sevnur Bülbül-Emanet fragte beim Statistischen Bundesamt in Wiesbaden nach und erfuhr, dass sich Sarrazins Ergebnisse nicht aus den Daten ableiten ließen.[82] Eine Studie des Bundesamts für Migration und Flüchtlinge kommt zu einem ganz anderen Ergebnis als Sarrazin:[83] 28,5 Prozent der Muslime haben die Fachhochschulreife oder das Abitur, 30,6 Prozent den Realschulabschluss, 27,4 Prozent den Hauptschulabschluss. Keinen Abschluss haben nur 13,7 Prozent. Bei den Irakern, Afghanen und Iranern in Deutschland ist die Abiturquote sogar höher als bei den Deutschen. Bei Zuwanderern insgesamt auch: 2014 hatten 30 Prozent der

---

81 Thilo Sarrazin: Deutschland schafft sich ab. München 2010.

82 Sevnur Bülbül-Emanet: Lebensweltgestaltung junger Frauen mit türkischem Migrationshintergrund in der dritten Generation. Wiesbaden 2014.

83 Muslimisches Leben in Deutschland. Bundesamt für Migration und Flüchtlinge, 2009.

Migranten in Deutschland Abitur oder Fachhochschulreife.[84] Unter den Einwohnern ohne Migrationshintergrund galt das für 28,5 Prozent. »Das Qualifikationsprofil der Einwanderer ist in den vergangenen Jahren kontinuierlich gestiegen«, stellt Udo Kleinegees in einer Mitteilung des Statistischens Bundesamt fest. Es stimmt, dass viele Zuwanderer in der Schule schlechter abschneiden. Unter den türkischstämmigen Frauen zwischen 30 und 35 haben 23 Prozent laut Bildungsbericht 2014 keinen Schulabschluss, bei den türkischstämmigen Männern dieser Altersgruppe sind es 15 Prozent.[85] Das liegt aber nicht an ihrer Nationalität, sondern daran, dass Kinder aus sozial schwachen Familien schlechtere Bildungschancen haben.[86] Doch Sarrazin will dafür noch eine andere Erklärung haben. Und sie ist widerlich. Es sei keineswegs ausgemacht, dass dies ausschließlich an der durchweg bildungsfernen Herkunft liege, schreibt er.

»So spielen bei Migranten aus dem Nahen Osten auch genetische Belastungen – bedingt durch die dort übliche Heirat zwischen Verwandten – eine erhebliche Rolle und sorgen für einen überdurchschnittlich hohen Anteil an verschiedenen Erbkrankheiten.«

Sein Ausflug in die Genetik wird noch bizarrer. Intelligenz sei bis zu 80 Prozent vererbbar, demnach habe eine unterschiedliche

---

84 Erhebung des Statistischen Bundesamts. Quelle: Pressemitteilung anlässlich des Weltbildungstages am 08.09.2015.

85 Bildungsbericht 2014 der Kultusminister der Länder und des Bundesbildungsministeriums.

86 Chancenspiegel 2014. Regionale Disparitäten in der Chancengerechtigkeit und Leistungsfähigkeit der deutschen Schulsysteme. Bertelsmann Stiftung, Institut für Schulentwicklungsforschung Dortmund, Institut für Erziehungswissenschaft Jena. Gütersloh 2014.

Fruchtbarkeit von Bevölkerungsgruppen mit unterschiedlicher Intelligenz Auswirkungen auf das durchschnittliche Intelligenzniveau der Bevölkerung. Soll heißen: Die Armen und die Muslime vererben ihre »niedrige Intelligenz« weiter.

Andreas Heinz, Direktor der Klinik für Psychiatrie und Psychotherapie an der Berliner Charité, warf Sarrazin im »Tagesspiegel« »statistischen Pfusch« vor.[87] Sarrazin habe den statistischen Durchschnittswert aus Studien über eineiige Zwillinge mit der Erblichkeit der Intelligenz verwechselt – und einen komplexen mathematischen Schritt ausgelassen. Das endgültige Ergebnis sei wesentlich niedriger, es liege bei etwa 50 Prozent Erblichkeit. Auch der damalige Berliner Innensenator Ehrhart Körting kritisierte Sarrazins Umgang mit angeblichen Fakten. »Thilo Sarrazin hatte immer eine Vorliebe für Statistiken. Aber er nutzt in der Integrationsdebatte nur jene, die ihm ins Feindbild passen«, sagte er »Spiegel Online«.[88] »Er zieht daraus Schlüsse, die menschenverachtend sind. Er kommt zu arroganten Unwerturteilen über ganze Teile der Bevölkerung«, sagte Körting, der früher mit dem damaligen Finanzsenator zusammenarbeitete. Auch die Bundesbank hatte nach »Deutschland schafft sich ab« endgültig genug. Nachdem Sarrazin einen Rücktritt abgelehnt hatte, wollte sie ihn aus dem Vorstand entlassen. Schließlich einigte man sich, und Sarrazin zog sich freiwillig zurück. Dafür bekam er laut »Spiegel« eine höhere Pension – 1000 Euro mehr im Monat.[89] Nach diesem Kompromiss sprach Stephan Kramer, Generalsekretär des Zentralrats der Juden in Deutschland, von einer politischen »Bankrotterklärung« und einer »Schande für das ganze Land«. Auf einer Pressekonferenz erklärte Kramer:

---

87 Andreas Heinz: Statistischer Pfusch. Tagesspiegel, 20.08.2012.

88 SPD-Politiker Körting: Thilo driftet ab. Spiegel Online, 28.08.2010.

89 Einigung mit Bundesbank: Wulffs Amt fädelte Sarrazin-Deal ein. Spiegel Online, 11.09.2010.

»Die Chance, mit einem Rauswurf Sarrazins eine klare Linie zu ziehen, dass solcher Rassismus in unserer Gesellschaft nicht tolerierbar ist, wurde verpasst.« Sarrazins Thesen zur Vererbung von Intelligenz sind der Eugenik gefährlich nah. Gemeint ist damit der Versuch, bestimmte Erbanlagen in der Bevölkerung zu fördern und andere, vermeintlich negative, zu verringern. Diese Theorie war Basis der Rassenhygiene im Nationalsozialismus und diente als Rechtfertigung für die Zwangssterilisationen. Das »Gesetz zur Verhütung erbkranken Nachwuchses« von 1933 erlaubte die Sterilisation bei »angeborenem Schwachsinn, Schizophrenie, zirkulärem (manisch-depressivem) Irresein, erblicher Fallsucht, erblichem Veitstanz (Huntingtonsche Chorea), erblicher Blindheit, erblicher Taubheit, schwerer erblicher körperlicher Mißbildung und schwerem Alkoholismus«. Die Eugenik lieferte auch Argumente für die Euthanasie von »Fremdrassigen«, »Behinderten« und Menschen aus den sozialen Unterschichten. Sarrazin stritt zwar ab, Eugeniker zu sein. Doch in seinem Buch bezieht er sich ausdrücklich auf den Mann, der die Eugenik im 19. Jahrhundert begründet hatte: den britischen Anthropologen Francis Galton. Er entwickelte die Idee, das menschliche Erbgut durch »gute Zucht« zu verbessern. Seine These: Träger minderwertiger Gene bekommen mehr Kinder, deshalb müsse der Staat einschreiten, um die Erbanlagen der Gesamtbevölkerung zu schützen. Kommt Ihnen das nicht bekannt vor?

In dem Sammelband »Der Mythos vom Niedergang der Intelligenz. Von Galton zu Sarrazin«[90] haben Wissenschaftler verschiedener Disziplinen nachgewiesen, dass die Thesen aus Sarrazins Bestseller offensichtliche Parallelen zur Eugenik haben. Doch selbst mit seinem Ausflug in die Rassenhygiene kam Sar-

---

90 Michael Haller und Martin Niggeschmidt (Hg.): Der Mythos vom Niedergang der Intelligenz. Von Galton zu Sarrazin. Wiesbaden 2012.

razin davon. Obwohl Andrea Nahles und Sigmar Gabriel nach der Veröffentlichung von »Deutschland schafft sich ab« auf seinen Ausschluss aus der SPD drängten, wurde auch das zweite Parteiordnungsverfahren 2011 eingestellt. Sarrazin ist also noch immer SPD-Mitglied. Heinz Buschkowsky, damals noch Bürgermeister von Neukölln, beschwichtigte in der »Bild«: »Thilo hat gesagt, er will jetzt lieb sein.«[91] Natürlich ist er nicht lieb. In seinem Buch »Europa braucht den Euro nicht« erklärte er einige Aspekte der Euro-Politik mit dem Bedürfnis Deutschlands, für den Holocaust »Buße« zu leisten[92]. Und auch in der Asyldebatte meldete er sich zu Wort. Der Urvater aller »besorgten Bürger« sei jetzt sogar »sehr besorgt«, sagte er der »Zeit«.[93]

Sarrazin schürte Ängste vor der Überfremdung. »Wir müssen unsere eigene Bevölkerung und unser Gesellschaftsmodell vor äußerer Bedrohung schützen. Dazu gehört auch ungeregelte, kulturfremde Einwanderung im Übermaß«, sagte er. Von dem Leid der Flüchtlinge schien er unbeeindruckt. Länder, in denen es schlecht laufe, hätten die Aufgabe, sich selbst richtig zu entwickeln. Als Beispiel nennt er Ghana. Aber sagt er damit nicht auch, dass wir Syrien sich selbst überlassen sollen?

Kriegsflüchtlinge sollten nah am Ort des Konflikts untergebracht werden, findet Sarrazin. Und Zuwanderer vom Balkan sollte man sofort zurückschicken – im Wesentlichen ohne Asylverfahren. Das klingt, als hätte der Krawallautor genügend kratzige Thesen für ein nächstes Buch zusammen.

---

91   Hildburg Bruns: SPD schafft Sarrazin doch nicht ab. Bild, 22.04.2011.

92   Thilo Sarrazin: Europa braucht den Euro nicht. München 2012.

93   Tina Hildebrandt und Heinrich Wefing: Thilo Sarrazin: »Sie können mich ja gern fragen, was ich täte, wenn ich Chef von Frontex wäre«. Die Zeit Nr. 37/2015.

AKIF PIRINÇCI

»Der Islam ist eine Geisteskrankheit, die sich zu 90 Prozent mit der Muschi der Frau beschäftigt«

Akif Pirinçci ist noch eher unbekannt im Vergleich zu den anderen prominenten Anpeitschern, die in diesem Kapitel vorkommen. Dafür zeigt er seinen Menschenhass unverhohlen. Er verbirgt seine Gesinnung nicht hinter einem Schleier der Bürgerlichkeit und des Anstands. Seine Worte sind genauso hässlich wie seine Gedanken. Er spricht von »faulen Lesben«[94] und davon, dass der Islam eine »Geisteskrankheit« sei, die sich »zu 90 Prozent mit der Muschi der Frau beschäftigt«. Eine Sozialwissenschaftlerin ist für ihn schnell mal eine »Arschfickaffine«. Gegen Pirinçci wirke Thilo Sarrazin so kontrovers wie »Graf Zahl aus der Sesamstraße«, hieß es einmal in der »Süddeutschen Zeitung.«[95]

Der türkischstämmige Pirinçci kam 1969 mit seinen Eltern nach Deutschland. Er wurde Schriftsteller und begann seine Karriere eigentlich ziemlich zahm. Sein Kriminalroman »Felidae« war ein internationaler Bestseller. Er handelt von einer Katze, die Mordfälle löst. Es folgten mehrere Fortsetzungen, und die Bücher machten Pirinçci zum Multimillionär. 2012 fuhr er publizistisch die Krallen aus. Er veröffentlichte Kommentare mit rechtspopulistischer Stoßrichtung, unter anderem in der »Jungen Freiheit« und in der Zeitschrift »eigentümlich frei«. Pirinçci ätzt gegen Muslime, Frauen und Homosexuelle, die angeblich ständig bevorteilt würden. Er fühlt sich berufen zu einem Krawallkreuzzug gegen Minderheiten und wünscht sich das gute,

---

94 Interview mit Akif Pirinçci zur Veröffentlichung von »Deutschland von Sinnen: Der irre Kult um Frauen, Homosexuelle und Zuwanderer«. Männerstreik, 22. 03. 2014.

95 Marc Felix Serrao: Liebe Landsleute. Süddeutsche Zeitung Online, 22. 03. 2014.

alte Deutschland zurück. Mit Frauen am Herd, grünen Wäldern und ohne Multikulti. Und das alles sagt einer von denen, ein Ausländer, jubeln die »besorgten Bürger«. Den Kopp-Verlag regte das zu ekstatischen Verzückungen an: »Ein Türke redet Klartext über deutsche Duckmäuser«, schrieb Udo Ulfkotte.[96] In einem umstrittenen Beitrag auf dem Blog »Die Achse des Guten« behauptete Pirinçci, dass es einen Genozid an Deutschen gebe. Als Beispiel nennt er den Fall von Daniel S., der 2013 nach einem Angriff durch Jugendliche mit Migrationshintergrund starb. »Die Tat reiht sich ein in eine Serie von immer mehr und in immer kürzeren Abständen erfolgenden Bestialitäten, die zumeist von jungen Männern moslemischen Glaubens an deutschen Männern begangen werden«, schrieb Pirinçci. Belege dafür hat er nicht. Stattdessen behauptet er, dass die Zahl der auf diese Weise ermordeten Deutschen von offiziellen Stellen geheim gehalten würde. Es »ist aber wohl nicht übertrieben, wenn man taxiert, dass es sich um die Opferanzahl eines veritablen Bürgerkrieges handelt«. Sprich: Er hat einfach mal geschätzt. Pirinçci prangert an, dass viele Deutsche Duckmäuser seien, die das Treiben einfach so hinnähmen. Dabei »lecke« man nicht »den Schwanz« desjenigen, der den eigenen Sohn ermordet habe. Diese verschriftlichte Wahnvorstellung war selbst einem Autor der sonst so auf unabhängiges Denken und Meinungsfreiheit bedachten »Achse des Guten« zu krass. Dass ein solcher Text auf diesem Blog erscheinen könne, für den er seit zehn Jahren schreibe, erschüttere ihn zutiefst, sagte der Journalist Tobias Kaufmann. Was Pirinçci schreibe, sei Standardrhetorik der NPD und anderer Neonazis.

Pirinçci fehlen Zahlen, die seine These stützen. Es gibt sogar Studien, die das Gegenteil beweisen. Der Kriminalwissen-

---

96   Udo Ulfkotte: Aufschrei bei Linken. Ein Türke redet Klartext über deutsche Duckmäuser, Kopp Online, 06.04.2014.

schaftler Christian Walburg von der Universität Münster hat untersucht, wie die Herkunft von Jugendlichen und ihre Gewaltbereitschaft zusammenhängen.[97] Sein Ergebnis: Die Zahl der Gewalttaten durch junge Menschen mit Migrationshintergrund steigt nicht. Sie sinkt sogar. Bei deutschen Jugendlichen ist die Kriminalitätsrate in den vergangenen Jahren übrigens ebenfalls gesunken. Walburg erklärt außerdem: Ein Zusammenhang zwischen Gewaltbereitschaft und einer bestimmten Herkunft oder Religion sei durch keine Studie belegt worden. Trotzdem wird in den Medien laut Walburg besonders häufig in negativen Zusammenhängen über Zuwanderer berichtet.»Insbesondere Boulevardmedien greifen das Thema Migrantenkriminalität von Zeit zu Zeit kampagnenartig auf und fordern härtere Strafen und häufigere Ausweisungen«, schreibt der Experte. Und: Je häufiger Befragte Nachrichten auf privaten TV-Sendern sahen, desto eher überschätzten sie die Kriminalitätsrate von Ausländern.

2014 veröffentlichte Pirinçci seine Hassgedanken in dem Buch »Deutschland von Sinnen«. In dem Bestseller bezeichnete er Homosexuelle, Frauen und Zuwanderer als »Mängelwesen«. Das »Abseitige« und »Abnorme« werde politisch privilegiert, schimpft er. Pirinçci, dessen Familie vor der Armut in der Türkei nach Deutschland floh, schreibt: »Man sollte ein paar Millionen der hier befindlichen Migrationshintergründler ein Ticket spendieren und sie schnellstens wieder nach Hause schicken, bevor sie uns die Haare vom Kopf fressen.«

»Das ist kein Buch. Das ist eine Schlägerei«, urteilt ein Autor der »Süddeutschen Zeitung«.[98] Es sei pure Menschenverach-

97   Christian Walburg: Migration und Jugenddelinquenz. Mythen und Zusammenhänge. Ein Gutachten im Auftrag des Mediendienstes Integration. Berlin 2014.
98   Marc Felix Serrao: Liebe Landsleute. Süddeutsche Zeitung Online, 22.03.2014.

tung, erklärt die »Zeit«.[99] Vulgär, brutal, obszön – so beschreiben Kritiker die 276 Seiten lange Hasstirade.

Noch mehr Aufmerksamkeit bekam das Buch, als das ZDF ein Interview mit dem Skandalautoren kurzzeitig aus seiner Mediathek löschte. Pirinçci hatte im »Mittagsmagazin« über seine Thesen gesprochen, und die ziemlich überforderte Moderatorin hatte seiner Pöbelei nicht viel entgegenzusetzen gehabt. Er schimpfte über die »grün-rot versiffte« Politik und erklärte, Zuwanderer, die sich in ihrer Identität zerrissen fühlten, gäbe es gar nicht: »Das reden sie den Deutschen nur ein, damit sie von hinten und vorne bedient werden.« Natürlich versäumte er auch nicht, sein Kapitel über das öffentlich-rechtliche Fernsehen zu erwähnen. Überschrift: »Mit dem Arschloch sieht man besser.« Als das ZDF das Gespräch vorübergehend aus der Mediathek entfernte, fühlten sich die »besorgten Bürger« und ihr Krawallautor erst recht bestätigt. Von Zensur war die Rede. Später stellte das ZDF eine leicht gekürzte Version des Beitrags wieder online. »Die rechtliche Bewertung des Interviews hat gezeigt, dass die vollständige Einstellung des Gesprächs in die ZDF-Mediathek zu rechtlichen Risiken für das ZDF führen würde«, teilte der Sender auf Anfrage des Medienkritikers Stefan Niggemeier mit.[100] Entfernt wurde eine Stelle, in der Pirinçci eine im Bundestag vertretene Partei als »Kindersexpartei« bezeichnete.

Pirinçci hat sich eine große Fangemeinde bei Facebook aufgebaut. Dort grölt das Volk mit seinem selbstgerechten Zuchtmeister mit. Zum Beispiel, wenn er die Kassler Sozialwissenschaftlerin Elisabeth Tuider auf widerwärtige Weise beleidigt. Tuider hatte Unterrichtskonzepte entwickelt, mit denen Lehrer Fragen ihrer Schüler zu Sexualpraktiken und Sexspielzeug

---

99 Ijoma Mangold: Volle Ladung Hass. Die Zeit, Nr. 15/2015.

100 »Hammerharte Zensur«: ZDF geht Hassprediger Pirinçci auf den Leim.
www.stefan-niggemeier.de. 03.04.2014.

beantworten können. Einer der Kommentatoren sah sich von Pirinçci in seinem Hass so bestätigt, dass er einen Mordaufruf schrieb. Einen Unterstützer Tuiders, den Sozialwissenschaftler Heinz-Jürgen Voß, beschimpfte Pirinçci auf seiner Facebook-Seite ebenfalls. Mit dem Ergebnis, dass er 8000 Euro Strafe wegen Beleidigung zahlen musste und sich verpflichtete, die Aussage nicht zu wiederholen – sonst droht ihm eine Strafe von 250.000 Euro. Für Pirinçci, der gern mit seinem Geld prahlt, ist wohl selbst das kein Drama. Gehört alles zum Konzept. »Zeit«-Autor Stefan Willeke bezeichnete ihn sehr treffend als Demagogen, der von seiner Bonner Villa aus die Geräusche der Straße imitiere, um damit reich zu werden.[101] Obwohl – reich ist er ja schon längst.

Schmähkritiken sind Pirinçcis liebste Darstellungsform bei Facebook. Durch Zufall stieß ich Anfang April 2015 auf einen Beitrag mit der Überschrift: »Witzischkeit kennt keine Sabrina« – und merkte, dass er an mich gerichtet war. Ich hatte zuvor in einem Artikel alle Dinge aufgezählt, in denen Deutsche Ausländern überlegen sind. Da es meiner Meinung nach keine gibt, war der Beitrag leer. »Sabrina Hoffmann ist eine Frau, zudem eine, die Literatur und Rhetorik studiert hat, also eher in die links gutmenschliche Ecke zuzuordnen (sic!) ist«, stellte Pirinçci fest. »Das ist schonmal (sic!) große Scheiße (sic!), wenn es darum gilt (sic!), witzig zu sein.« Frauen seien in der Regel unwitzig, was nicht bedeute, dass sie keinen Humor hätten und über gute Witze nicht lachen könnten. »Nur selber witzig sein können sie nur selten«, folgerte Pirinçci als der knallharte Genderkritiker, der er nun einmal ist. Zum Schluss schrieb er: »Liebes Sabrinchen, die (sic!) du vom Deutschenhaß (sic!) bis zu den Kiemen zerfressen bist, ich erzähle dir einen wirklich

---

101 Stefan Willeke: Wir Dummschwätzer? Die Zeit, Nr. 18/2014.

witzigen Witz: Natürlich sind die Deutschen den hier lebenden Ausländern in a l l e n Dingen überlegen. Sonst wären die Ausländer ja nicht hier, sondern in ihrer Heimat.« Zugegeben, das ist harmlos im Vergleich zu den Hässlichkeiten, die Pirinçci sonst absondert. Trotzdem machten mich seine verallgemeinernden Thesen über Frauen und Zuwanderer wütend. Was mich an seinem Geschwätz stört, habe ich ihm in einer öffentlichen Antwort geschrieben.

»Lieber Akif Pirinçci,

ach, lassen wir die Förmlichkeiten. Wir sind ja offenbar schon beim Du, wie dein netter Brief an mich bei Facebook gezeigt hat. Du nennst mich liebevoll Sabrinchen, obwohl wir uns nicht kennen. Aber irgendwie muss ein Kerl wie du seine Überlegenheit demonstrieren, nicht wahr? Also noch mal:

Liebes Akiffchen,

ich fühle mich total geehrt, dass ich einen Platz auf deiner Facebook-Pinnwand gefunden habe. Du bist der große Rechtspopulist und Schriftsteller, der in krawalligen Texten über Zuwanderer, Homosexuelle und Frauen schimpft.

(...)

Also zunächst mal muss ich sagen: R e s p e k t! Ich meine, dass du dich so bescheiden unterordnen kannst. Dass du mutig behauptest, dass Deutsche auch dir überlegen seien, der du ja in der Türkei geboren wurdest.

Ich finde es bewundernswert, wie du dich bei deinen deutschnationalen Freunden anbiederst – obwohl sie einen Menschen wie dich am liebsten gar nicht einreisen lassen würden. Du bist das Schaf im Wolfspelz. Und dein rechtspopulistisches Kostüm sitzt so gut, dass dein Blöken ihnen nicht seltsam vorkommt. Solange du nur lauter schimpfst als sie.

Du bist einzigartig, Akif. Einen wie dich hatte Deutschland vorher noch nicht. Du bist sogar noch krasser und überraschender als der Sozialdemokrat Sarrazin, der über den Sozialstaat motzt.

Ein Türkischstämmiger, der Türken disst. Da machen sich deine Pegida-Freunde vor Aufregung in die Hose.

(…)

Mir geht es um einen großen inhaltlichen Trugschluss, den du ziehst: Du schreibst, ich sei vom Deutschenhass zerfressen. Das stimmt nicht. Ich lehne nur fremdenfeindliche und intolerante Menschen ab. Menschen wie dich.

Du bist ein Heuchler. Wenn die Leute, denen du nach dem Mund redest, ihren Willen bekommen, dann gibt es auch für dich keinen Platz mehr hier. Wenn ich vom Deutschenhass zerfressen sein soll, dann bist du zerfressen vom Hass auf alle – auf Zuwanderer, Homosexuelle, Frauen. Was für eine traurige Existenz, lieber, kleiner Akif.

Traurig auch deshalb, weil du ziemlich allein bist mit deinem Groll und deinen rechten Freunden. Ihr seid eine

Minderheit. Nur weil ihr sehr laut seid, fällt das nicht so auf.

Ich kenne viele Deutsche, die offen und großherzig sind. Ihr dürft sie gern Gutmenschen nennen, denn das ist keine Beleidigung. Es heißt, dass sie gute Menschen sind.«

Unsere öffentliche Unterhaltung fand ihren vorläufigen Höhepunkt, als Pirinçci meinen Artikel kommentierte: »Heirate mich doch, Sabrina, dann kannst du mich heilen«, witzelte er. »Außerdem habe ich jede Menge Kohle und mache an (sic!) meine Liebchen schöne Geschenke. Welche Schuhgröße hast du? Pradamäßig, meine ich.«

Es endet nicht immer so unterhaltsam, wenn Akif Pirinçci seine Polemik auspackt. Zum einjährigen Geburtstag von Pegida im Oktober 2015 hielt er eine Rede, die noch einmal alle seine ekelhaften Gedanken bündelte. Pirinçci behauptete, Flüchtlinge würden Frauen vergewaltigen. Er bedachte den Islam mit allerlei widerwärtigen Fäkalausdrücken und er scheute sich nicht vor einem KZ-Vergleich. Nach seinem Auftritt wurde der Autor angezeigt. Die Staatsanwaltschaft Dresden hat Ermittlungen wegen des Verdachts auf Volksverhetzung aufgenommen. Die Verlagsgruppe Random House kündigte ihre Verträge mit Pirinçci und stoppte die Auslieferung seiner Katzenromane. »Der Schutz von Demokratie und Menschenrechten ist für uns ein zentraler Bestandteil unseres verlegerischen Schaffens, ebenso wie der Respekt vor Traditionen und dem Wunsch nach kultureller Vielfalt. Die Aussagen von Akif Pirinçci stehen diesen Werten diametral entgegen«, heißt es in einem Statement. Sogar der Webmaster, der Pirinçcis Blog aufgebaut hatte, beendete die Zusammenarbeit. Er begründete seine Entscheidung in einem Abschiedsbrief, den er auf dem Blog veröffentlichte. Er schrieb:»Ich schäme mich nicht nur fremd, für dich, Freund

Akif. Ich schäme mich für mich. Dafür, dir bei der Errichtung deiner Plattform zur Verbreitung deines Unsinns behilflich gewesen zu sein.«[102]

Die Hassbürger hinterfragen Pirinçcis Widerwärtigkeiten nicht. Sie glauben alles, was die prominenten Berufspöbler unters Volk bringen. Weil sie es glauben wollen. Es kümmert sie nicht, dass ihre Vorbilder Statistiken verdrehen wie Sarrazin oder sie gar komplett erfinden wie Pirinçci. Jeder Quatsch ist plötzlich legitim, weil er von jemandem kommt, der mal Bundesbanker war. Oder CDU-Vorstandsmitglied. Oder »Tagesschau«-Sprecherin. Oder Katzenromanautor. Welche Folgen das haben kann, zeigte sich, als Islamhass durch Sarrazin plötzlich salonfähig wurde. Schlimmer noch: Rechtsextreme Parteien können sich mit prominenten Gesichtern »aus der Mitte der Gesellschaft« schmücken. Nein, sogar aus der Elite! Manchmal ist das von den Prominenten gewollt, manchmal nicht. Aber sie können sich in solchen Fällen nicht aus der Verantwortung ziehen. Schließlich haben sie den Neonazis die Argumente geliefert. Das alleine ist Grund genug, sich zu schämen.

Die Krawallmacher werden in Talkshows eingeladen, bekommen Kolumnen in Zeitungen. Warum? Natürlich könnte man argumentieren, dass die öffentliche Diskussion offen bleiben und Kritik, auch unbequeme, erlaubt sein muss. Doch ich bin mir sicher, dass es den Medien in den meisten Fällen gar nicht darum geht – sondern um die Aufmerksamkeit und um den Unterhaltungswert der Klartextredner. Sie führen sie vor wie Attraktionen im Zirkus. Hereinspaziert, hereinspaziert! Früher wurde die Frau ohne Kopf bestaunt – heute die mit den dummreaktionären Ansichten über Familie. Aber das läuft ja am Ende auf das Gleiche hinaus.

---

102 Von der Scham. Ein offener Brief an Akif Pirinçci. Der-kleine-Akif.de. 20.10.2015.

Welchen Erkenntnisgewinn versprach sich zum Beispiel die
»Zeit«, als sie in der sich immer weiter aufheizenden Flüchtlingsdebatte einen Sarrazin aus dem Schimpfsabbatical holte?
Und dann in Anspielung auf seinen Bestseller von 2010 fragte:
»Wenn Deutschland sich damals schon abgeschafft hat – was
tut es dann jetzt?« Für mich sagt diese Frage schon alles über
den Zweck des Gesprächs. Erwartet wurden natürlich polemi-
sierende Aussagen über die Überfremdung, und die lieferte
Sarrazin. Da hilft es wenig, dass sich die Fragensteller mit kritischem Nachhaken zu distanzieren versuchten. Das ist dann sogar ein bisschen heuchlerisch, schließlich wollten sie genau das
hören, was er sagte.

Das Gepöbel der Prominenten wird am Ende als Kavaliersdelikt abgetan. Man kann sich ja so schön darüber amüsieren.
Wie ist es sonst zu erklären, dass eine Abhandlung über Rassenhygiene im 21. Jahrhundert noch verziehen oder zumindest ge-
duldet wird? Und das auch noch in Deutschland?

12. COUCHGESPRÄCH MIT EINEM HASSBÜRGER

Ich stelle mir den Hassbürger, den ich gleich besuchen werde, als Mann mittleren Alters vor. Mit grimmigem Blick und zusammengepressten Lippen. Ich stelle mir vor, wie er rot wird, wenn er über das »Asylantenpack« schimpft. Diese Bilder flimmern durch meinen Kopf, während ich im September 2015 eine Autobahn in Bayern entlangfahre. Ich bin unterwegs zu einem 6000-Einwohner-Städtchen, in dem ich einen der »besorgten Bürger« endlich persönlich kennenlernen werde. Ich möchte ein Gesicht zu der gesichtslosen Wut, die ich seit Monaten im Netz erlebe. Ständig lese ich Sätze wie: »Uns hört sowieso niemand zu.« Oder: »Kommen Sie mich doch mal besuchen. Ich sage Ihnen dann schon, was Sache ist.« Genau das habe ich vor. Ich will zuhören. Meinen Gesprächspartner habe ich mir mehr oder weniger zufällig ausgesucht. Er engagiert sich auf lokaler Ebene in einer Partei, die für asylkritische Positionen bekannt ist. Am Telefon kündigte er an: »Es ist Zeit, dass man die Wahrheit auf dem Tisch ausbreitet.« Nennen wir ihn K.

K. wohnt in einer Stadt, in der man von der Flüchtlingskrise nicht viel sieht. Hier gibt es Einfamilienhäuser, kleine Geschäfte, Fachwerk. Obwohl es Vormittag und unter der Woche ist, sind die Straßen verlassen. Der einzige Mensch, der mir begegnet, ist eine alte Frau mit Gehhilfe. Mühsam bewegt sie sich vorwärts. Und auch sonst scheint das Leben in diesem Ort in gemächlichem Tempo stattzufinden. Das Haus von K. steht in einer Sackgasse. Wie symbolträchtig, denke ich. Je weiter ich fahre, desto schmaler wird die Straße. Hierher kommt niemand, der nicht hier wohnt.

Die Wohnsiedlung liegt in der Herbstsonne. Mit ihren Gartenzäunen und Pflastersteinen ist sie die Heimat der kleinbürgerlichen Spießigkeit. Nur Schutt und Zementsäcke neben einer Baustelle stören das Bild. K. wohnt in einem Neubau. Als ich klingle, öffnet ein großer, dünner Mann die Tür. »So, hallo«, sagt er und gibt mir grinsend die Hand. Ich hatte mir Herrn K. als Eckkneipengast vorgestellt, mit Plauze und Schnauzer, aber der Mann vor mir sieht eher aus wie ein Kirchenchorleiter. Er trägt Pullover und eine brave Frisur, er ist blass und hat große, schüchterne Augen. Mit seinen Pantoffeln schlappt er voraus und führt mich ins Wohnzimmer. »Idyllisch haben Sie es hier«, sage ich. »Ja?«, fragt er überrascht und lacht. Dann verdüstert sich sein Blick. »Aber nicht mehr lange. Die wollen mir den Blick auf den Obstgarten verbauen«, sagt er. An sein Grundstück grenzt ein Feld mit knorrigen Obstbäumen. Ich stelle mir vor, dass es schön sein muss, im Frühling draußen zu sitzen, den Vögeln zuzuhören und die Apfelblüten anzuschauen. Und schon bin ich mittendrin in der kleinen Welt des »besorgten Bürgers«. Er fürchtet die Garage, die der neue Nachbar plant. Er fürchtet fremde Menschen, die in sein Land kommen. In K.s Augen sehe ich die Angst vor Veränderung. Es muss sehr anstrengend sein, sich die ganze Zeit zu sorgen.

»Nehmen Sie Platz«, sagt er und deutet auf die Sofaecke. Ich setze mich auf einen Sessel. K. überlegt kurz, wo er sich hinsetzen soll, sein Blick wandert zweifelnd zwischen Sofa und

Stuhl hin und her. Dann entscheidet er sich für den Stuhl. Ich ahne, dass mir hier kein Stammtischmacho gegenübersitzt, der seine Ellenbogen ausfahren will, sondern ein zutiefst verunsicherter Mensch. Einer, dem die Gewissheiten im Leben fehlen und der sich deshalb vor unsichtbaren Bedrohungen ängstigt. K. glaubt, dass Deutschland am Ende ist. Dass es bald zum großen Knall kommt. »Die Leute sind unzufrieden mit dem Rechtsstaat«, sagt er. »Wenn Sie jetzt eine Straftat begehen«, sagt er und zeigt auf mich, »können Sie sich mehr erlauben, wenn Sie Kemal heißen. Oder Mohammed.« K. findet, dass Migranten bevorzugt behandelt werden. Von den Behörden, von der Politik, von allen. Falten kräuseln sich über seinem Nasenbein, er schüttelt den Kopf. Die gefühlte Wahrheit kann sehr empörend sein. Ich frage, woher er das denn wisse, ob er Statistiken gesehen habe. Er macht eine Handbewegung, als würde er die Frage aus dem Raum schieben. »Das liest man doch überall«, sagt er. »In dieser Stadt ...«, beginnt er und überlegt. Der Name fällt ihm nicht ein. Er blickt auf und versucht seine Unsicherheit wegzulächeln.

»In dieser Stadt am Rhein randalieren Islamisten bei Demos«, sagt er schließlich und zeigt nach rechts in die Luft. »Die werfen da Schaufenster ein und alles. Die Polizei tut nichts«, sagt er. Das könnten sich Deutsche nie erlauben, sagt er.

»Und was ist mit den Rechtsextremen, die in Sachsen Molotowcocktails auf Flüchtlingsheime werfen?«, frage ich. K. antwortet: »Das kann man nicht gutheißen«, antwortet er. Ein Satz, der feige und entlarvend ist. So spricht jemand, der nicht sagen darf, was er wirklich denkt. »Ich mache mir Sorgen, dass jetzt so viele Leute kommen, die müssen ja integriert werden«, sagt K. Er mag es nicht, wenn sich die Dinge zu schnell verändern, das verwirrt ihn. K. braucht Sicherheit und Konstanz. Verharrt er deshalb bei unserem Gespräch immer in der gleichen Pose? Mit durchgedrücktem Rücken sitzt er da, seine Hände ruhen artig auf den Oberschenkeln. Nur manchmal, wenn er ungeduldig wird, reibt er mit den Handflächen über den Stoff seiner Jeans. Dann zum Beispiel, wenn er mich unterbrechen will, um einen Gedanken loszuwerden. »Der besorgte Bürger wird ruhiggestellt«, platzt es aus ihm heraus. »Sind Sie ein besorgter Bürger?«, frage ich. »Ja«, sagt K. Er fürchtet, dass es für niemanden reicht. Nicht für die Deutschen und nicht für die Flüchtlinge. Dabei will er doch nur, was alle wollen: Er hat Rentenbeiträge und Sozialabgaben gezahlt und will später versorgt sein. »Aber wenn es so weitergeht, leben wir irgendwann in bürgerkriegsähnlichen Zuständen«, sagt K. und klingt dabei sehr überzeugt. Bürgerkriegsähnlich – das ist ein großes und bedrohliches Wort. Man denkt dabei an verwüstete Fußgängerzonen, brennende Autos, geplünderte Geschäfte, an Vermummte, die sich Straßenschlachten liefern, und an verängstigte deutsche Familien, die abends bei Kerzenlicht Dosensuppe essen und Gebete sprechen. Das alles ist in K.s Heimatort sehr weit weg. Hier gibt es keinen Grund, an den drohenden Untergang zu glauben. Die Vorstellung erscheint geradezu absurd angesichts der gefegten Bürgersteige und der Bäuerlichkeit, die noch immer das Stadtbild prägt.

Frauen mit Kopftuch fallen hier auf. Das Fremde erregt Misstrauen – erst recht eine fremde Kultur wie der Islam. »Ich bin evangelischer Christ«, erzählt mir K., weil er offenbar glaubt, dass das in diesem Zusammenhang eine wichtige Information ist. »Der Islam ist nicht grundgesetzkonform«, sagt er. Als ich ihn auf die Gewalt in der Bibel anspreche, schüttelt er den Kopf. »Die gibt es nur im Alten Testament. Das ist überholt«, sagt er und lehnt sich zufrieden zurück. Er will nichts davon wissen, dass die Unterdrückung der Frau und die Bestrafung Ungläubiger auch im Neuen Testament gefordert werden. Auch nicht davon, dass Islamgelehrte viele brutale Koranstellen heute nicht mehr wörtlich nehmen.

Plötzlich springt K., ganz »besorgter Bürger«, auf. Er hat vergessen, mir etwas zu trinken anzubieten. Dabei hat er alles vorbereitet: Kaffee, Saft und Sprudel stehen auf der Kommode. Er beeilt sich, alles zum Tisch zu tragen. Die Gläser klirren, als er sie mit vor Aufregung zittrigen Händen abstellt. Den Kaffee wird er die ganze Zeit über nicht anrühren. Er hat ihn schon vergessen, als er über fordernde Muslime spricht. Die Leute kämen als Gäste und müssten sich den Gewohnheiten hier anpassen, findet K. »Einwanderung muss langsam passieren«, betont er erneut. »Es braucht Zeit, bis sich die Leute assimilieren.« »Assimilieren« sagt er, nicht »integrieren«. Ich überlege kurz, ob ich ihn darauf ansprechen soll. K. schaut mich erwartungsvoll an und grinst wie ein kleiner Junge. Ich glaube, er kennt nicht einmal den Unterschied zwischen diesen beiden Wörtern. K. sieht die Welt mit beinahe kindlicher Naivität. Das passt nicht so recht zu den fremdenfeindlichen Parolen, die er in unserem Gespräch hervorkramt. Diese Gedanken sind nicht in seinem Kopf entstanden, er hat sie aufgeschnappt – im Internet, in verschwörerischen Artikeln. K. liest die Wochenzeitung »Junge Freiheit«. Er beschreibt sie als »bürgerlich-konservativ, auch wenn das Konservative manchmal zu weit geht«. Von ihren Verbindungen zur Neuen Rechten hat K. keine Ahnung. Er wirkt ehrlich überrascht, als ich ihm davon erzähle. Wie ihm geht es vielen »besorgten Bürgern«: Sie sind nicht in der Lage, hinter die Fassade dieser Publikationen zu schauen. Die Macher der »Jungen Freiheit« schieben Wörter wie »Meinungsvielfalt« und »Unabhängigkeit« vor. Man liest in den neuen Leitmedien der Rechten viel von gesundem Menschenverstand und von offenem Diskurs. Das klingt gut. Damit muss eigentlich jeder einverstanden sein. Bei Menschen wie K. weckt es Vertrauen. Es hilft ihm, sich nicht vor den eigenen Gedanken zu fürchten. Gedanken, die einem evangelischen Christen ein schlechtes Gewissen machen müssen. In der Bibel heißt es schließlich:

»Gebt den Hungrigen zu essen, nehmt Obdachlose bei euch auf, und wenn ihr einem begegnet, der in Lumpen herumläuft, gebt ihm Kleider! Helft, wo ihr könnt, und verschließt eure Augen nicht vor den Nöten eurer Mitmenschen!« (Jesaja 58, 7)

K., der evangelische Christ, sagt:»Man muss den Flüchtlingen klarmachen: Kommt nicht. Wir ersticken daran.« Ich stelle mir vor, wie dieser Satz auf einen Syrer wirken muss, der dem Bombenhagel entkommen ist und in einem überfüllten Boot das Mittelmeer überquert hat. Ich stelle mir vor, wie dieser Syrer K. in seinem Wohnzimmer sitzen sieht, in dem 40-Quadratmeter-Wohnzimmer mit Klavier und Kachelofen, mit Tomatensträuchern auf der Terrasse, mit Kristall in der Vitrine und Spitzengardinen an den Fenstern.»Ich bin kein Nazi, ich bin asylkritisch«, sagt K. Berechtigte Asylanten, die dürften kommen, findet er. Aber nicht die, die es ausnutzten. Damit meint K. die Asylbewerber aus sicheren Herkunftsländern, aus Serbien und Bulgarien zum Beispiel, aber auch aus vielen Staaten in Afrika. Sie alle gehören nach Ansicht von K. sofort abgeschoben.

Mein Blick fällt auf die Familienfotos an der Wand. Sie zeigen K. mit seiner Frau und einem blonden Kleinkind. Auf den Bildern grinst K. noch breiter als gewöhnlich. Was ist mit den Menschen, die nach Deutschland kommen, weil sie nicht wollen, dass ihre Kinder Hunger leiden, will ich wissen. Was würde er ihnen sagen? K. zuckt zusammen. Er überlegt, dann weicht er aus.»Das muss das Asylgesetz regeln. Dafür sind Gesetze doch da.« Alles muss geordnet sein in der Welt des besorgten Bürgers. So wie die Haferkekse, die K. sorgfältig auf einem kleinen Teller aneinandergereiht und für seinen Besuch auf den Tisch gestellt hat. Dem Besuch bietet man Kekse an, das sagt der gesunde Menschenverstand. Und er sagt auch, dass nicht alle Flüchtlinge kommen können. K. glaubt, dass das Gutmenschentum Deutschland überfordert. »Was ist denn ein Gutmensch?«, frage ich. »Das sind Leute, die aus Nächstenliebe denken«, antwortet K. »Ich will real denken.« Doch was K. real nennt, entpuppt sich schnell als Wahnvorstellung. »Warum kommen gerade jetzt so viele Flüchtlinge«, hat er sich oft gefragt. Das könne doch kein Zufall sein. »Die Antwort steht hier drin«, sagt K. und überreicht mir ein Papier. »Die USA fluten Europa mit 1,5 Millionen Migranten jährlich. So wollen sie Deutschland in die Knie zwingen«, sagt K. Er hat mir einen öffentlichen Brief ausgedruckt, den der freiberufliche Journalist Axel Retz geschrieben hat. Er ist an den Bundespräsidenten, die Bundeskanzlerin und an Medienvertreter gerichtet. »Ich unterstreiche jeden Satz, der da drinsteht«, versichert mir K. Ich überfliege die erste Seite des Briefs. Der Text ist ein wirres Pamphlet, in dem der Autor unter anderem behauptet, dass die USA die Ukrainekrise absichtlich ausgelöst hätten, um zu verhindern, dass sich Russland und Europa verbünden und zu mächtig werden. Ich muss mich zusammenreißen, um nicht zu schmunzeln. K. bestätigt alle Verschwörungstheorien, denen ich bei meiner Recherche begegnet bin. Es ist, als hätte ich ein vorgefertigtes Muster des »besorgten Bürgers« mitgebracht – und K. füllt es mit Farbe und Leben.

Für ihn ist die Sache klar. »Hinter dem Flüchtlingsstrom steckt doch ein gewaltiges Interesse«, sagt er fast flüsternd. »Die da haben das Drehbuch geschrieben«, sagt er und deutet wild auf das Papier in meinen Händen. Mit »die da« meint er Berater und Thinktanks, die laut Axel Retz die US-Regierung steuern. Einer ihrer geheimen Pläne: Die Flüchtlingskrise soll Europa destabilisieren. Retz zitiert eine Stelle, die er angeblich in dem Buch »Blueprint for Action« des Militärstrategen Thomas P. M. Barnett gelesen hat:

»Das Endziel ist die Gleichschaltung aller Länder der Erde. Sie soll durch die Vermischung der Rassen herbeigeführt werden. Mit dem Ziel einer hellbraunen Rasse in Europa. Hierfür sollen in Europa jährlich 1,5 Millionen Einwanderer aus der dritten Welt aufgenommen werden. Das Ergebnis ist eine Bevölkerung mit einem durchschnittlichen IQ von 90, zu dumm, um zu begreifen, aber intelligent genug, um zu arbeiten.«

Ob er das wirklich glaube, will ich von K. wissen. Er nickt wie ein Huhn, das ein paar Körner erblickt hat. »Die Politiker können mir nicht erzählen, dass sie davon nichts wussten«, sagt er und fasst sich an den Kopf. Seine Augen weiten sich. »Sie müssen sich vorstellen: Das alles steht in einem Buch, das in den USA zum Bestseller wurde. Das ist nicht geheim. Jeder kann es lesen.« Ich kann nicht glauben, dass ein angesehener Militärberater so etwas schreibt. Und wenn die USA tatsächlich planten, Europa zu unterjochen – warum sollten sie ihre Strategie offenlegen? Später werde ich feststellen, dass das Zitat nicht in dem Buch von Barnett steht. Die einzige Stelle, in der Rasse und Hautfarbe erwähnt werden, liest sich so:

»Die Welt ist voller irrationaler Menschen, die eine ›Vermischung der Rassen‹, die ›Bastardisierung der Kulturen‹ und die ›Kapitulation der ethnischen Identitäten‹ bekämpfen wollen. Ich verstehe diese Argumentation und ich habe Verständnis für die Angst, aber ich glaube, es ist unmoralisch und sinnlos, diesen globalen Prozess zu bekämpfen. Beziehungen zwischen Menschen verschiedener Rassen, verschiedener Religionen und verschiedener Kulturen stehen vor so großen Herausforderungen, dass man sich nur aus echter und starker Liebe dafür entscheidet. Und wie schon unzählige Generationen der menschlichen Evolution bewiesen haben, ist es noch vergeblicher, die Liebe zu bekämpfen als Hass und Rassismus. Außerdem mag ich als Vater einer mehrrassigen Familie ehrlich gesagt den Gedanken, dass die Menschheit hellbraun angefangen hat, sich dann in eine Vielzahl von Hauttönen aufgeteilt hat und eines Tages wieder zu dieser einheitlichen Farbe zurückkehren wird.«[103]

Mit einer falschen Übersetzung lässt sich diese Abweichung nicht erklären. Ich habe Axel Retz per Mail darauf aufmerksam gemacht und fragte ihn, ob er mir das englische Originalzitat zeigen könne. Er konnte mir nicht genau nennen, an welcher Stelle im Buch er es gelesen hat. Stattdessen verwies er auf das Buch »Das Schweigen der glücklichen Sklaven« von Richard Melisch. Darin wird die Passage zitiert.

Richard Melisch ist ein rechtsextremer Verschwörungstheoretiker, der seine Thesen unter anderem bei NPD-Veranstaltungen vorstellt. Er mache Barnetts Bestseller »erstmals in kompakten und aussagekräftigen Passagen für das deutsche Leserpublikum zugänglich«, wie der Verlag verspricht. Passender wäre gewesen zu sagen: Er erfindet erstmals komplette Zitate, die andere dann im Internet verbreiten, ohne auf die Idee zu kommen, im Original nachzusehen. Und ausgerechnet diese Menschen fordern von Regierung und Medien, endlich zur Wahrheit zu stehen. Es ist zum Verzweifeln.

Unter den Flüchtlingen seien auch Islamisten, die ein »Kalifat in Europa« errichten wollten, schreibt Retz in seinem Brief. Das behauptet er, ohne Quellen oder Zahlen zu nennen. Denn:

---

103 Thomas P. M. Barnett: Blueprint for Action. A future worth creating. New York 2005.

»Der schöne Begriff der Evidenz besagt, dass irgendetwas unmittelbar einsichtig ist, ohne dass es eines weiteren Beweises bedarf. Dass im Zuge der in jeder Hinsicht unkontrollierten Zuwanderung nach Europa auch viele Personen eingewandert sind, die Ungutes im Schilde führen, das ist evident.«

Retz legt den Schluss nahe, dass die USA den IS absichtlich wachsen ließen. Damit würden sie »gleich drei Klappen« schlagen. »Sie steigern ihre Einnahmen aus Waffenexporten, halten den in Syrien laufenden Stellvertreterkrieg gegen Russland in Gang und destabilisieren Europa.« Retz sagt voraus, dass es bald zu Terroranschlägen in Deutschland kommen werde, begangen von den Flüchtlingen, die unkontrolliert einreisten. Dann werde »die heutige Willkommenskultur inkl. des Verteilens nicht mehr benötigter Plüschtiere so rasch in sich zusammenfallen wie ein unsachgemäß behandeltes Soufflé«.

Den Vorschlag, dass aufnahmeunwillige EU-Staaten Geld in einen Flüchtlingsfonds zahlen sollen, vergleicht Retz mit »Verschmutzungsrechten« – also der Möglichkeit, sich Rechte auf CO_2-Ausstoß zu kaufen. Die aktuelle Lage in Deutschland beschreibt er so:

»Wie hypnotisiert durch die ihr von den USA aufs Auge gedrückte, dem altbewährten Strickmuster folgende und von führenden US Think-Tanks minutiös geplante Zerlegungsstrategie insbesondere Deutschlands starren Politik und Medien nur noch auf Bahnhöfe. Und sie scheinen auch nur noch ›Bahnhof zu verstehen‹«.

Verschwörungstheoretiker stellt man sich mit wirren Haaren und blitzenden Augen vor, in der Fußgängerzone stehend, Flyer austeilend, in ein Mikrofon kreischend. Das sind Menschen, denen man nicht alleine begegnen will. Ich sitze einem gegenüber, in seinem Wohnzimmer. Und er wirkt erschreckend normal. K. hat sich in einem Netz aus wirren Gedanken verfangen. In seinem Versuch, das große System zu enttarnen, merkt er eines nicht: Er ist längst selbst Opfer eines Systems aus Lügen und Tatsachenverdrehungen geworden. Die »besorgten Bürger« flüstern einander ihre gefühlten Wahrheiten ins Ohr, und so wandern die Theorien immer weiter – von einem Blog zum anderen. Am Ende weiß niemand mehr, wo die Geschichte ihren Ursprung hat. Das ist die stille Post der Neuzeit.

»Arbeitet Angela Merkel überhaupt für Deutschland, oder wird sie gesteuert?«, fragt K. Es ist eine rhetorische Frage, denn natürlich glaubt er längst, die Wahrheit zu kennen. »Es passiert auf der Welt nichts, ohne dass jemand Profit daraus zieht.«

K. stellt sich die Welt als Pyramide vor. »Da unten sind die Bürger«, sagt er und hält seine Hand dicht über den Fußboden. Eine Stufe darüber sieht er die Einzelstaaten. Die USA, die kämen hier, erklärt er und hält die Hand auf Höhe seiner Brust. Aber die seien noch nicht ganz oben. »Darüber gibt es noch eine Macht, die alles kontrolliert«, sagt er. »Hier.« K. hält seine Hand über seinen Kopf. In diesem Moment sieht er aus wie eine Marionette, die ihre eigenen Fäden zieht. Und wer ist die geheime Macht, die über allem steht? K. schaut mich mit seinem Kleinjungengrinsen an, als ich das frage. Er hebt die Schultern, um seine Ratlosigkeit auszudrücken. »Wenn man es namentlich nennen könnte!« Die Hochfinanz, mutmaßt er. Die Geldgeber. Er korrigiert sich. Nein, die »Gelderzeuger«, sagt er und lässt sich die letzten drei Silben auf der Zunge zergehen. Wenn man K. so reden hört, klingt er wie ein Finanzexperte. Wie jemand, dem niemand etwas vormachen kann. In Wahrheit plappert er nur nach, was er irgendwo gelesen hat. Jeder Versuch, Details von ihm zu erfahren, läuft ins Leere, weil unter den Parolen kein Fundament ist, nur Luft und Ahnungslosigkeit.

Die Demokratie gibt es nach Ansicht von K. schon lange nicht mehr. Er beugt sich vor und sagt:»Wissen Sie, ich habe schon oft den folgenden Satz gehört: Wenn Wahlen etwas verändern würden, wären sie verboten. Der Satz stimmt.« Ich spreche K. auf die Theorien an, die über die »BRD GmbH« durchs Netz wandern, also auf jene Behauptung, dass die Bundesrepublik kein Staat, sondern eine Firma sei, die seit Kriegsende von den USA verwaltet werde. »Ach, das sind doch alles Verschwörungstheorien«, sagt er und schüttelt den Kopf. Mit einem so irren Zeug will er nichts zu tun haben. Aber es wundere ihn schon, dass im Grundgesetz noch immer der Paragraf 120 stehe:»Der Bund trägt die Aufwendungen für Besatzungskosten und die sonstigen inneren und äußeren Kriegsfolgelasten nach näherer Bestimmung von Bundesgesetzen.« Das kann laut K. nur eines heißen:»Wir sind immer noch ein besetztes Land.« Die Wahrheit ist, dass die Besatzung im Mai 1955 beendet wurde. Der Paragraf ist veraltet und gilt nicht mehr. Aber das würde mir K. sowieso nicht glauben.

»Und wieso heißt es Personalausweis«, fragt K.»Personal hat normalerweise eine GmbH, kein Staat.« Diesmal bin ich es, die grinst. Denn diesen Gedanken habe auch ich in einem verschwörerischen Facebook-Beitrag zur »BRD GmbH« gelesen.

K. deutet mein Grinsen als Zustimmung. Er redet weiter, davon, dass Deutschland noch immer keine Verfassung habe und kein souveräner Staat sei. Mit anderen Worten: Er bestätigt alle Verschwörungstheorien zur »BRD GmbH«, an die er doch angeblich nicht glaubt.»Das ganze Zeug kommt zur Entladung. Es ist zu spät«, sagt K. Dabei wünscht er sich doch nur eine Demokratie, in der er er selbst sein kann. Er will seine Überzeugungen vertreten können – das sei doch nicht zu viel verlangt. Seine Überzeugung ist, dass Deutschland jetzt auf sich selbst achten sollte. Genauso wie er darauf achtet, dass es seiner Familie gut geht. Erst dann gibt er dem Nachbarn etwas ab.»In Deutschland leben Millionen Kinder unter der Armutsgrenze«, sagt K. »Warum regt sich darüber niemand auf?« Das ist die typische Antwort der »besorgten Bürger« auf das Leid der Flüchtlinge. Beim Abschied habe ich das Gefühl, dass wir das gesamte Weltgeschehen aufgearbeitet haben. »Es läuft ja gerade so viel schief«, sagt K. »Da hat sich eine Menge Frust angestaut.« Es muss hart sein, ein »besorgter Bürger« zu sein. Dieses Gerüst an Querverbindungen aufrechtzuerhalten, immer weiter daran zu bauen. Und das, obwohl man ja so sicher ist, dass sowieso alles zu Ende geht.

13. FAUL, FEIGE, DESTRUKTIV: DAS MÄRCHEN VOM POLITISCHEN WIDERSTAND

Am ersten Tag des Oktoberfests 2015 gab es eine Antiasylkundgebung am Münchner Hauptbahnhof, organisiert von der Rechten. »Sagt euren Freunden und Bekannten Bescheid«, hieß es bei Facebook. »Laßt uns am Ort des Geschehens gemeinsam zeigen, daß viele unserer Landsleute mit dieser verfehlten Asylpolitik nicht einverstanden sind.« Ich ging hin, weil ich hoffte, dort auf viele »besorgte Bürger« zu treffen. Da es jeden Tag neue Nachrichten aus Ungarn, Serbien und Österreich gab, rechnete ich mit einer aufgeheizten Stimmung. Vor Ort sah ich alle möglichen Leute – nur keine »besorgten Bürger«. Ein paar Rechte standen hinter der Absperrung. Die Polizei musste sie vor den linken Gegendemonstranten schützen, die klar in der Überzahl waren. Um die Absperrung versammelten sich auch viele neugierige Beobachter, beispielsweise Münchner in Tracht, die »Nazis raus« riefen, amerikanische Oktoberfest-Besucher, die Döner aßen und mich fragten, was das für komische schwarz gekleidete Gestalten seien, und junge Menschen mit Migrationshintergrund, die das Geschehen mit ihrem Handy filmten.

Als Philipp Hasselbach, Kreisvorsitzender der Rechten in München, ans Mikrofon trat, ertönten laute Pfiffe und Buhrufe. »Hau doch ab, dir hört eh niemand zu«, rief eine ältere Frau hinter mir. Obwohl Hasselbach in seiner Rede alle Ängste und Vorurteile der »besorgten Bürger« vortrug, war keiner von ihnen da. Warum? Vielleicht weil sie mit einer Partei wie der Rechten nicht in Verbindung gebracht werden wollen. Vielleicht aber auch, weil sie lieber an ihrem Tisch im Oktoberfest-Zelt über Flüchtlinge schimpften, mit einer Maß Bier in der Hand.

Seit Beginn der Flüchtlingskrise ist die Stimmung in Deutschland so aufgeheizt wie lange nicht mehr. Doch mit politischem Engagement hat das wenig zu tun. Die Diskussion im Netz, die Demos auf den Straßen, die neuen Bündnisse und Bewegungen – all das täuscht. Es sieht zwar aus, als rege sich gerade erstmals seit langer Zeit Widerstand in Deutschland, als würden die Bürger endlich aufbegehren und mitbestimmen wollen. Aber in Wirklichkeit erleben wir keinen wiederauferstandenen Aktivismus. Eine ermüdende Passivität lähmt das Land. Viele Deutsche sind feige und faul. Der Mehrheit fehlt jedes Bedürfnis, die Gesellschaft mitzugestalten. Und nur weil sie jetzt im Chor mitbrüllen, heißt das nicht, dass sie die Zukunft verändern wollen.

Die Wahlbeteiligung lag bei der Bundestagswahl 2013 bei etwa 73 Prozent.[104] Das ist ein bisschen besser als 2009, als sie mit 70,8 Prozent ein historisches Tief erreichte. Aber es ist trotzdem verdammt wenig. Es gab eine Zeit, da lag sie bei über 90 Prozent. Das war in den 1970ern, ist lange her, und der Fall danach war tief. Die sinkende Wahlbeteiligung wirkt wie ein Ausdruck politischen Protests. Doch Nichtwähler sind keine frustrierten oder enttäuschten Bürger. Das sind Menschen, de-

---

104 Quelle: Bundeswahlleiter.

nen Politik egal ist. Zu dieser Gruppe zählen vor allem Einkommensschwache und Bildungsferne. »Je geringer der Sozialstatus und je größer das politische Desinteresse im Freundeskreis, desto weniger wahrscheinlich wird der Gang zur Wahlurne«, heißt es in einer Studie der Bertelsmann Stiftung und des Instituts für Demoskopie Allensbach.[105] Als typische Nichtwähler gelten die sogenannten Hedonisten, also die konsumfreudigen Angehörigen der Unter- und Mittelschicht, aber auch Menschen in prekären Lebensumständen, die wenig Perspektiven für die Zukunft haben.[106] Bei der Bundestagswahl 2013 kam jeder dritte Nichtwähler aus diesen »sozialen schwächeren Milieus«.[107]

Von den jungen Menschen unter 30 Jahren interessiert sich nur eine Minderheit für Politik. Laut der Studie wird dieser Trend anhalten. Das ist bemerkenswert, weil es früher die Jungen waren, die ein höheres Interesse an Politik hatten. Doch die jungen Menschen haben heute kaum Berührungspunkte mit dem politischen Geschehen – anders als die Generationen vor ihnen: jene, die im Nachkriegsdeutschland aufwuchsen, und jene, die bei der 68er-Revolution protestierten. Diese Menschen werden immer älter. Und zurück bleibt eine Generation von Deutschen, für die das Leben in Freiheit und Demokratie der Normalzustand ist.

Wahlen erscheinen vielen nicht mehr wichtig. Auch das ist ein Ergebnis der Bertelsmann Stiftung. Noch sehen es 73 Pro-

105 Thomas Petersen, Dominik Hierlemann, Robert B. Vehrkamp und Christopher Wratil: Gespaltene Demokratie. Politische Partizipation und Demokratiezufriedenheit vor der Bundestagswahl 2013. Eine gemeinsame Studie der Bertelsmann Stiftung und des Instituts für Demoskopie Allensbach, Gütersloh 2013.

106 Robert Vehrkamp: Einwurf 2/2015. Politische Ungleichheit – neue Schätzungen zeigen die soziale Spaltung der Wahlbeteiligung. Bertelsmann Stiftung, Gütersloh 2015.

107 Ebd.

zent der Deutschen als oberste Bürgerpflicht, wählen zu gehen. Für die Befragten unter 30 trifft das weniger zu. Für sie sind auch die Beteiligung an der Gemeindepolitik und ehrenamtliches Engagement weniger bedeutend. Mit anderen Worten: Sie haben keine Lust, etwas für die Gesellschaft zu tun.

Die Eltern haben übrigens entscheidenden Einfluss darauf, ob ihre Kinder politisch interessiert sind. Wenn sie mit ihnen über Politik sprechen, ist die Wahrscheinlichkeit laut Bertelsmann Stiftung viel größer, dass sich die Kinder später an Wahlen beteiligen. Trotzdem findet nur ein Viertel aller Eltern in Deutschland, dass es wichtig ist, bei Kindern ein Interesse an Politik zu wecken.[108]

Die sozial benachteiligten Menschen bleiben den Wahlen nicht fern, weil sie sich im Stich gelassen fühlen. Ihr mangelndes Interesse an Politik ist laut den Forschern »zum Teil auf das soziokulturelle Umfeld und die Werte und Einstellungen unterer sozialer Schichten« zurückzuführen. Die Gleichgültigkeit wird sozusagen erlernt und weitervererbt.

Es ist schon komisch. Die »besorgten Bürger« sind nicht mit der Politik der deutschen Regierung einverstanden, in den Kommentaren im Internet schimpfen sie über »Merkels Versagen« und darüber, dass im Bundestag nur die falschen Entscheidungen getroffen werden – Entscheidungen, die nicht im Interesse der Bevölkerung sind. Doch in Wahrheit ist erschreckend vielen von ihnen egal, was in Berlin passiert. Zum Beispiel sagten bei einer Umfrage nur 27 Prozent der Deutschen, dass sie in den vergangenen Monaten eine Bundestagsdebatte im Fernsehen oder Radio verfolgt hätten.[109] 1984 gab noch die Mehrheit der Be-

108 Was Eltern wollen. Eine Befragung des Instituts für Demoskopie Allensbach im Auftrag der Vodafone Stiftung Deutschland, Düsseldorf 2015.

109 Dominik Hierlemann, Ulrich Sieberer: Sichtbare Demokratie. Debatten und Fragestunden im Deutschen Bundestag. Bertelsmann Stiftung, Gütersloh 2014.

fragten an, eine Debatte gesehen oder gehört zu haben: 63 Prozent. Es war damals ganz normal, dass sich die Bürger mit den Entscheidungen im Bundestag auseinandersetzten. Genauso, wie es heute normal ist, wegzuhören und wegzuschauen. Die Befragten finden die Bundestagsdebatten zu vorhersehbar. Es gehe nicht mehr darum, den Gegner zu überzeugen, sondern nur noch darum, eine feststehende Position vorzutragen. Das ist sicher eine große Schwäche der Debatten im Bundestag. Ich glaube aber, dass viele Deutsche einfach keine Lust haben, sich inhaltlich mit politischen Themen auseinanderzusetzen.

In letzter Zeit fällt mir auf, dass viele Facebook-Nutzer Ausschnitte aus Bundestagsdebatten von Gregor Gysi teilen. Sie tauchen sogar in meinem eigenen Newsfeed auf, weil sie von Facebook-Bekannten empfohlen werden, die mir bisher nicht durch ihr politisches Interesse aufgefallen sind. »Direkt und Ehrlich!! Zieht euch dieses Video echt mal rein. Der beliebteste Politiker der Jungen Generation. So muss Politik sein ohne Heuchelei«, heißt es. Ein Video zeigt Zusammenschnitte aus verschiedenen Reden Gysis. Um seine Argumente und Positionen geht es dabei gar nicht. Stattdessen sind jede Menge flapsige Bemerkungen Gysis aneinandergereiht. Bemerkungen wie »Das ist weniger als heiße Luft« oder »Sie sind balla balla und ein Pfeifenverein« oder »Ja, nun warte doch mal, Frau Künast. Du wirst es auch noch verstehen.« Gysi beschwert sich, dass Angela Merkel während seiner Rede herumläuft, statt ihm zuzuhören: »Frau Bundeskanzlerin, ich finde das ein bisschen unverfroren und arrogant.« Und er regte sich zu Zeiten von Schwarz-Gelb über Christian Lindner auf. »Sie können mich ruhig als geistig gestört betrachten, aber das sagt etwas über Ihr Niveau aus, nicht über meins.«

Der »beliebteste Politiker der jungen Generation« ist einer, der mit der Faust auf das Pult haut, der in alle Richtungen austeilt und die Sprache des normalen Mannes spricht. Denn um die zu verstehen, muss der Zuschauer nichts über Politik wissen.

Mehr als 40.000 Facebook-Nutzer haben das Video geteilt. Wahrscheinlich könnten nur wenige von ihnen Gysis politische Standpunkte nennen. Aber egal, endlich mal jemand, der »Klartext« redet.

Diese Pöbelkultur ist es auch, die meistens die Diskussionen in den Kommentarspalten beherrscht. Sie basiert nicht auf echtem politischen Wissen. Man verbreitet weiter, was man irgendwo gelesen oder gehört hat. Es ist nicht wichtig, tatsächliche Kenntnisse zu haben, es reicht, so zu tun, als ob. Dieser Trend zur Ignoranz wird in den nächsten Jahren noch stärker werden. Immer weniger Menschen verfolgen, was täglich in der Welt passiert. Nur jeder vierte Erwachsene informiert sich zum Beispiel laut einer Studie der TU Dresden aktiv über Nachrichten. Bei den Jugendlichen tun das sogar nur sieben Prozent.[110] Die Dresdner Forscher untersuchten auch, was die Studienteilnehmer über wichtige Nachrichtenereignisse des Vortages wussten. Dazu zählten zum Zeitpunkt der Befragungen unter anderem der Rücktritt des damaligen Bundespräsidenten Horst Köhler, die Laufzeitverlängerung der Atomkraftwerke und die Euro-Hilfen für Griechenland. Nur 39 Prozent der Jugendlichen hatten von den Ereignissen gehört. Bei den jungen Erwachsenen im Alter von 18 bis 29 wusste etwa die Hälfte davon. So oberflächlich wie das politische Wissen ist auch das politische Engagement. Eng damit zusammen hängt der Begriff des Wutbürgers, der sich in den vergangenen Jahren geprägt hat. Er kam, sah und schimpfte.

Bewegungen wie Stuttgart 21 und Pegida haben eines gemeinsam: Sie entstehen plötzlich, breiten sich schlagartig aus, und nach kurzer Zeit geht ihnen die Kraft aus. Sie sind Instant-

---

110 Wolfgang Donsbach: Was wissen die Deutschen über aktuelle Nachrichten und woher wissen sie es? Ergebnisse eines DFG-Projekts zur Nutzung und Qualität von Nachrichtenmedien im Altersvergleich. Technische Universität Dresden. Dresden 2012.

proteste. Einmal aufgegossen – fertig. Und am Ende bleibt ein schaler Beigeschmack. Wie schnell der Tatendrang der »besorgten Bürger« verschwindet, zeigten die Pegida-Demonstrationen. Nach dem Höhepunkt im Januar 2015 kamen bald immer weniger Menschen zu den »Spaziergängen«, bis es nur noch ein paar Hundert waren. Und Ende August 2015 musste eine Pegida-Demo in München sogar abgesagt werden, weil kein einziger Teilnehmer erschien. Wozu gegen die Islamisierung des Abendlandes demonstrieren, wenn gerade alle über Flüchtlinge reden? Wer etwas auf sich hält, ist jetzt Asylkritiker. Und siehe da: Weil Pegida im Herbst 2015 den Fokus von Islamhass auf Flüchtlingsphobie verlegt hat, kommen die Menschen wieder zahlreich zu den Versammlungen.

Eine große Gruppe von Deutschen ist »zwar politisch interessiert, wenn auch nicht aktiv, und fühlt sich aber in hohem Ausmaß politisch machtlos«, schreiben Forscher der Friedrich-Ebert-Stiftung.[111] Beteiligung an der Gemeindepolitik und ehrenamtliches Engagement sind jungen Menschen nicht besonders wichtig. Das hat die Bertelsmann Studie gezeigt, um die es am Anfang dieses Kapitels ging. Die gleiche Befragung ergab, dass Demonstrationen dafür umso wichtiger für die Jungen waren.

Die Proteste der jüngeren Zeit sind Ausdruck einer Dagegen-Kultur. Es ist egal, ob die Wutbürger gegen einen unterirdischen Bahnhof demonstrieren oder gegen die Islamisierung des Abendlandes. Sie blockieren, sie lehnen ab, sie wollen verhindern. Aber wo bleibt der Wille zu gestalten, zu formen, zu verändern? Und ist es nicht ironisch, dass im lateinischen Verb »protestare« die Vorsilbe »pro« steckt, also »für«? Der Protest wird heute meist als Form des Widerstands gesehen, aber ur-

---

111 Andreas Zick u. a.: Die Abwertung der Anderen.

sprünglich bedeutete das Wort »bezeugen« oder »öffentlich aussagen«. Es ist leichter, sich gegen etwas einzusetzen als für etwas. Denn im ersten Fall ist man in der Defensive. Man will, dass alles so bleibt, wie es ist. Wer die Zustände verändern will, ist dagegen in der Rolle des Angreifers. Das kostet mehr Energie, und es erfordert Ausdauer.

Der Widerstand in Deutschland hat nichts Nobles oder Ehrenhaftes mehr. Von Revolution oder Rebellion ist er weit entfernt. Der »Spiegel«-Autor Dirk Kubjuweit bezeichnete die Proteste »als »Ausdruck einer skeptischen Mitte, die bewahren will, was sie hat und kennt, zu Lasten einer guten Zukunft des Landes«. Er glaubt, dass die Stuttgarter nicht wegen der Kosten in Milliardenhöhe an den Absperrzäunen gerüttelt haben, sondern weil sie nicht bereit waren, die Unannehmlichkeiten einer Großbaustelle zu akzeptieren. Lärm, Verkehrsbehinderungen, Schmutz – das alles für das Versprechen einer modernen Zukunft. Nein danke, lieber nicht. Die Wutbürger haben keinen Weitblick, sie sehen nur das, was unmittelbar bevorsteht, und das wollen sie verhindern. Wenn alle Menschen so gedacht hätten, wären wir nicht weit gekommen.

Wer spricht heute noch von Stuttgart 21? Statt Zehntausenden versammeln sich 2015 etwa 1000 Menschen bei den Kundgebungen auf dem Schlossplatz. Und damit gilt Stuttgart 21 schon als der »langanhaltendste Bürgerprotest«[112] in Deutschland.

Wer hockt noch in den Occupy-Camps, die 2011 plötzlich überall in Deutschland aufgebaut wurden? Tausende Menschen übernachteten in Zelten, kochten über Feuerstellen, duschten sich mit Gießkannen – und das freiwillig. Unter den Demonstranten waren nicht nur linke Aktivisten, die sich dau-

---

112 Julia Giertz (dpa): Stuttgart 21-Gegner protestieren weiter. Badische Zeitung, 30.09.2015.

erhaft engagierten. Occupy war damals DER Treffpunkt für alle, die sich unverstanden fühlten: Junge, Alte, Intellektuelle, Arbeitslose. »Oft kamen die Leute auch einfach nur, weil sie jemanden zum Reden brauchten«, erzählte mir eine Aktivistin aus Kiel. »Es waren schon einige seltsame Gestalten dabei.« Es wurden unzählige Bündnisse und Initiativen gebildet. Man diskutierte viel, setzte aber wenig um. »Wir sind die 99 Prozent«, schrieben die Teilnehmer auf ihre Plakate. Doch von diesen 99 ist kaum noch etwas übrig.

Auch das Interesse an den deutschen Parteien schrumpft. Die einstigen »Volksparteien« CDU und SPD verlieren Mitglieder. Die FDP ist in die Bedeutungslosigkeit gerutscht, und der Höhenflug der Grünen scheint vorbei zu sein. Nur wenige neue Parteien schaffen es, erfolgreich zu sein – meist aber nur kurzfristig. Die Piraten konnten vor allem deshalb die Massen mobilisieren, weil sie sich gegen das politische System richteten. Nur gelang es ihnen nie, eine Alternative auszuarbeiten. Abseits von Datenschutz und Freiheit im Netz fehlten die Inhalte. Die Piraten wussten zwar, wie sie Politik machen wollen, aber nicht, welche. Das Prinzip der Basisdemokratie machte sie oft handlungsunfähig. Die führenden Köpfe waren zerstritten und von der Verantwortung überfordert. Sie zerstörten ihre eigene Partei in aller Öffentlichkeit. Die Piraten zogen eben nicht nur Menschen an, die sich für Digitales interessierten, sie waren auch ein Sammelbecken für frustrierte und wütende Bürger, denen die Inhalte der Partei gleichgültig waren. Ihnen ging es darum, der etablierten Politik eins auszuwischen. Die Piraten soffen ab, aber das war unerheblich, denn es gab schon eine neue Protestpartei: die Alternative für Deutschland. Die Piraten und die AfD wirken zunächst sehr gegensätzlich. Doch im Grunde sind sie nur zwei verschiedene Ausprägungen des gleichen Phänomens. Sie versuchen, mit Politikverdrossenheit Politik zu machen – ein Vorhaben, das von Anfang an zum Scheitern verurteilt ist. Ein bayerischer Kreisvorsitzender der AfD erzählte mir, dass er zuvor bei den Piraten aktiv gewesen war. Und als die dem Untergang geweiht waren, suchte er eine neue Heimat für seine Systemkritik. Das erscheint mir doch sehr willkürlich und austauschbar. Auch die AfD ist in erster Linie eine Dagegenpartei. Gegen den Euro. Gegen die Politik der EU. »Am Grunde der AfD liegt das Ressentiment«, schrieb »Spiegel Online«-Kolumnist Jan Fleischhauer. »Das unterscheidet sie von Volksparteien, die bei allem Ärger über die Zumutungen des Alltags immer auch eine positive Idee für die nächsten vier Jahre entwerfen müssen.« Die AfD ist eine Partei, die anfangs für die Intellektuellen und Wohlhabenden stand und dann über die eigene Klientel erschrak: Denn wer ein souveränes und unabhängiges Deutschland fordert, zieht auch den rechten Mob an. Den Kampf zwischen den gemäßigten und den rechten Kräften gewannen am Ende die Letzteren. Tausende Mitglieder traten daraufhin aus der Partei aus, viele Ämter auf Bezirks- und Kreisebene waren plötzlich unbesetzt. Die Partei hatte sich selbst zerfleischt. Jetzt versucht die AfD sich an einem Comeback. Neben der Euro-Politik hat sie ein neues Kernthema entdeckt. In der »Herbstoffensive« rief sie dazu auf, das »Asylchaos« zu stoppen.

Politik am rechten Rand ist Erfolg versprechend. Sie richtet sich an »Menschen, deren Bedürfnisse nach Zugehörigkeit, Selbstwert, Vertrauen, Kontrolle und Verständnis durch Politik, Parteien und wichtige Institutionen scheinbar nicht mehr befriedigt werden«.[113] Das betrifft nicht nur die AfD. Und es betrifft nicht nur Deutschland. Forscher der Friedrich-Ebert-Stiftung sehen einen europaweiten Trend. Immer mehr Menschen glauben, dass sie politisch nichts mehr zu sagen haben. Parado-

---

113 Andreas Zick u. a.: Die Abwertung der Anderen.

xerweise sind das oft diejenigen, die sich aus Desinteresse gar nicht mit Politik beschäftigen. Und gerade bei diesen Menschen stellten die Forscher auffällig oft Fremdenfeindlichkeit fest:

> Das Ausmaß subjektiv fehlender Einflussnahme auf Politik ist über alle Länder hinweg sehr groß. Die Indikatoren der mangelnden politischen Partizipation – sei es als Wahrnehmung gedacht oder als Intention, sich zu engagieren – korrelieren in fast allen Ländern mit gruppenbezogener Menschenfeindlichkeit. Zudem gehen damit negative Einstellungen zur Europäischen Union einher, außerdem ein mangelndes politisches Interesse, ein Gefühl der Machtlosigkeit und die Sehnsucht nach einem starken Führer im eigenen Land.[114]

Wenn sich Bürger nicht mehr im politischen System wiederfinden, ist das gefährlich. Die Forscher warnen davor, dass sich diese Bürger politisch extremen Gruppen öffnen. Es sei wichtig, die Ängste der Bevölkerung ernst zu nehmen, lautet deshalb das Fazit der Studie. Das soll aber nicht heißen, dass die Regierung den Forderungen nach Abschiebung und Zuwanderungsstopp nachgeben soll. Es bedeutet, die Hassbürger »als eine Gefahr für die Demokratie zur Kenntnis zu nehmen, die auf Toleranz und Pluralität baut«. Die einzige Lösung nach Ansicht der Forscher: Vorurteile und Ängste abbauen.

Das Problem ist in vielerlei Hinsicht ein selbst gemachtes, schließlich haben Politik und Wirtschaft seit Jahrzehnten auf diese unmündige, passive Gesellschaft hingearbeitet. Vor der Flüchtlingskrise lebte Angela Merkel eine Politik des Aussitzens vor: Nur keine unbeliebten Entschlüsse treffen, nur nicht zu klar

---

114 Andreas Zick u. a.: Die Abwertung der Anderen.

Stellung beziehen. Alles kann, nichts muss. Und diese Erfolgs-strategie ging 10 Jahre lang auf.

Man kann von Sigmar Gabriels Äußerung zu Heidenau halten, was man will: Als er die Ausländerhasser öffentlich als »Pack« bezeichnete, war das die erste deutliche Ansage eines Regierungsmitglieds seit Ewigkeiten. In Zeiten der Großen Koalition und der EU ist Konsens erwünscht, Debatte dagegen eher nicht. Diskussionen würden es nur erschweren, diese bürokratischen Gebilde zu verwalten.

Seit dem Dritten Reich herrscht in Deutschland eine politische Angst davor, der Masse zu viel Gewicht zu verleihen. Das Volk hat schon einmal falsch entschieden. Warum sollte das nicht wieder passieren? Politiker sind zu Teflonfiguren geworden, die in Zeitungsinterviews Phrasen dreschen und Parteiprogramme rezitieren. Unangreifbar, aber auch nicht zu begreifen. Kennst du einen, kennst du alle. Die Deutschen waren in einer Zeit des Friedens und des Wohlstands nur allzu gern bereit, ihre Verantwortung abzugeben. Sie zogen sich ins Private zurück. Und dort wurden sie zum Konsumenten erzogen, der nicht fragt, sondern kauft – so, wie es die Unternehmen mögen. Haben nicht auch die Dauerbeschallung durch Werbung und die Unterhaltungsindustrie ihren Teil dazu beigetragen, den Bürger unmündig zu machen und zu lähmen? Wir wurden darauf konditioniert, nicht zu hinterfragen und nicht nachzudenken. Müssen wir uns wundern, dass am Ende so etwas wie Pegida dabei herauskommt? Antriebslose Massen, die auf der einen Seite aus chronisch Unzufriedenen bestehen und auf der anderen Seite erwarten, dass »die da oben« es richten: Auf die Idee, selbst etwas zu ändern, kommen sie nicht.

14. DAS HITLER-PARADOX

Zunächst die gute Nachricht: Die meisten »besorgten Bürger« wissen, dass Hitler unverzeihliche Taten begangen hat und dass die NS-Zeit ein dunkler Fleck in der deutschen Vergangenheit ist. Sie verstehen, dass ein Vergleich mit dem Dritten Reich nicht positiv gemeint ist, dass es nicht erstrebenswert ist, in die Nähe dieser Ideologie gerückt zu werden. Deshalb lassen die Hassbürger keine Möglichkeit aus, sich davon zu distanzieren. »Ich bin ja kein Nazi, aber ...« Doch die »besorgten Bürger« haben etwas Grundlegendes verwechselt. Sie benutzen den Nationalsozialismus, um ihre Fremdenfeindlichkeit zu legitimieren. Das wirkt ziemlich paradox. Schließlich hat die NS-Zeit gezeigt, wohin Rassismus führen kann. Das war eine grausame Lektion, aus der die Menschheit gelernt hat.

Die ganze Menschheit? Nein, die »besorgten Bürger« nicht. Sie verzerren die Geschichte auf eine Weise, die mich wütend macht. Richtig wütend. Sie vergleichen Toleranz und die Willkommenskultur mit der Propaganda des Dritten Reiches. Damals habe man die Bürger auch belogen und alles schöngeredet. Man habe ja gesehen, wie das geendet habe. Der Gründer des Anti-Islam-Portals Politically Incorrect, Stefan Herre, begründet seine Arbeit so: »Ich möchte mir nicht, wie manche unserer Großeltern, die im Dritten Reich geschwiegen haben, von meinen Enkelkindern später vorwerfen lassen müssen: Ihr habt es doch gewusst, wieso habt ihr nichts dagegen getan.« Das sagte Herre dem Katholischen Nachrichtendienst und vergleicht sich dadurch mit den Widerständlern im Dritten Reich.

Auch in Facebook-Kommentaren lese ich immer wieder völlig absurde Verweise auf die NS-Zeit. Von Merkels »Propagandamaschine« ist die Rede. Kritische Stimmen würden angeblich systematisch zum Schweigen gebracht, heißt es. Die Hassbürger schüren die Angst, dass Islamisten Deutschland unterjochen wollen, und ziehen Parallelen zu Hitlers Machtergreifung. »Wer mit offenen Augen durch die Welt geht und etwas Geschichtskenntnis besitzt, wird erkennen, dass sich das deutsche Volk zum jetzigen Zeitpunkt in einer ähnlichen Situation befindet wie damals 1933«,[115] heißt es im Netz. Oder:

»Rückblickend bekommt nun auch die Glorifizierung Merkels durch die Massenmedien einen Sinn, denn das kann schon als Führerkult verstanden werden und in welche Richtung ihre Politik weist, ist schon sehr beängstigend. Die Geschichte wiederholt sich allem Anschein nach und ›die Guten‹ merken nicht, dass sie die Bösen sind.«[116]

Ausländerhasser sehen sich als Opfer. Die Regierung, die Zuwanderer, die Asylbefürworter sind die Täter. Das muss man sich einmal vorstellen. Wie absurd! Wie dumm! Den Verbrechen des Nationalsozialismus lagen schließlich rassistische Motive zugrunde. Sie beruhten auf der Idee, dass Fremde minder-

---

115 Geschichte wiederholt sich. infidelis-deutschland.de. 25.07.2015

116 Sind wir unbemerkt im Merkel-Faschismus angekommen? Volksbetrug.net. 22.01.2015.

wertig seien und nicht zur deutschen Kultur passten. Genauso argumentieren die Islamfeinde heute. Die Nazis schürten Vorurteile gegen die angeblich »raffgierigen« und »niederträchtigen« Juden. Und heute sehen die Hassbürger die meisten Flüchtlinge als Schmarotzer, die das deutsche Sozialsystem ausnutzen wollen. »Die Geschichte lehrt die Menschen, dass die Geschichte die Menschen nichts lehrt«, sagte Mahatma Gandhi einmal. Und hat damit wohl leider recht. Die Hassbürger benutzen Worte wie »das deutsche Volk« und »Volksverräter«, sie rufen: »Ausländerpack raus«. Und sehen nicht, wie gefährlich nah sie der NS-Ideologie kommen. Im Gegenteil: Sie inszenieren sich als die Verfolgten und Unterdrückten, als die, denen Unrecht geschieht. Die »besorgten Bürger« haben sich offensichtlich nur oberflächlich mit dem Dritten Reich beschäftigt. Sonst wüssten sie, dass sie durch ihre Verdrehung der Täter- und Opferrollen eine zentrale Propagandataktik der Nazis einsetzen. Aus heutiger Sicht ist klar, wer die Täter im NS-Regime waren: die Deutschen, die den Juden ihre Rechte, ihren Besitz und ihre Würde nahmen. Die Deutschen, die mehr als sechs Millionen Juden ermordeten. Der Holocaust ist an Grausamkeit unübertroffen und wird es hoffentlich bleiben.Und doch gelang es den Nazis, sich selbst als Opfer darzustellen. Hitler bezeichnete die Juden als »Volksverderber«, als »Tyrannen«, als »Parasiten«. Er warnte davor, dass diese Bevölkerungsgruppe zu großen Einfluss habe. »Deutsche wehrt euch«, lautete die Parole.[117] Und genau diesen Ausdruck zitieren jetzt viele Asylgegner – meist ohne zu wissen, wessen Erbe sie damit antreten. Heinrich Himmler sagte 1943 in Posen: »Wir haben das moralische Recht, wir haben die Pflicht unserem Volk gegenüber, das zu tun, dieses Volk, das uns umbringen wollte, umzubringen.« Die Umkehrung der

---

117 Vgl. Schlosser: Sprache unterm Hakenkreuz.

Rollen von Täter und Opfer war spätestens dann vollzogen, als die deutschen Juden eine »Sühneabgabe« in Höhe von insgesamt einer Milliarde Reichsmark leisten mussten.

»Die feindliche Haltung des Judentums gegenüber dem deutschen Volk und Reich, die auch vor feigen Mordtaten nicht zurückschreckt, erfordert entschiedene Abwehr und harte Sühne«, hieß es in der entsprechenden Verordnung von 1938. Der Soziologe Horst Dieter Schlosser bringt die Absurdität auf den Punkt: Die Opfer mussten die Täter entschädigen, schreibt er.[118] Auf besonders hinterhältige Weise argumentierte Joseph Goebbels in einem Aufsatz von 1941.[119] Kurz zuvor war die Verordnung in Kraft getreten, laut der alle Juden den Judenstern tragen mussten. Goebbels bezeichnete das mit grausamer Ironie als »eine außerordentlich humane Vorschrift«, sie solle verhindern, dass »der Jude sich unerkannt in unsern Reihen einschleichen kann«. In dem Aufsatz schrieb er:

>**»Sie kennen doch den gutmütigen deutschen Michel in uns, der immer gerne bereit ist, für eine sentimentale Träne alles ihm angetane Unrecht zu vergessen: plötzlich hat man den Eindruck, als ob es unter den Berliner Juden nur noch putzige kleine Babies, die durch ihre kindliche Hilflosigkeit rühren sollen, oder gebrechliche alte Frauen gibt. Die Juden schicken ihre Mitleidgarde vor. Sie mögen damit einige harmlose Gemüter in momentane Verwirrung bringen, uns nicht.«**

Dem Gerede vom »deutschen Michel« begegne ich auch heute noch erschreckend oft in den Kommentarspalten. Und die

---

118 Schlosser: Sprache unterm Hakenkreuz.

119 Joseph Goebbels: Die Juden sind schuld! Das eherne Herz. Reden und Aufsätze aus den Jahren 1941/42 von Joseph Goebbels. München 1943.

Thesen von Goebbels erinnern mich an die Flüchtlingsgegner, die behaupten, dass die »Lügenpresse« nur Frauen und Kinder vor den Asylunterkünften zeigen würde, obwohl doch in Wahrheit hauptsächlich »junge, starke Männer« nach Deutschland kämen. Es erinnert mich auch an die Behauptungen des Kopp-Verlags, dass gezielt Mitleid für Flüchtlinge erzeugt werde, um uns wehrlos zu machen. Goebbels hätte es nicht widerlicher ausdrücken können. Moral wurde bei den Nazis als wirkungsvolles Überzeugungsmittel genutzt und bis zur Unkenntlichkeit verzerrt. Das Regime rechtfertigte sein Vorgehen durch eine »partikulare Ethik«,[120] die nur für die Deutschen galt und alle Fremden ausschloss. Es war eine egoistische Moral, weil sie nur für eine gesellschaftliche Gruppe gültig war, eine absurde Moral, weil sie gleichzeitig die Diskriminierung anderer Gruppen erlaubte. Goebbels nannte den Judenstern »human«, obwohl die Kennzeichnung Menschen demütigte und ausgrenzte. »Human« erschien sie ihm, weil sie die Deutschen schützen sollte.

In seiner ersten Posener Rede beschrieb Heinrich Himmler die Judenvernichtung als ehrenwerte Handlung, die von den Deutschen große Opfer verlangt habe:

»Von allen, die so reden, hat keiner zugesehen, keiner hat es durchgestanden. Von Euch werden die meisten wissen, was es heißt, wenn 100 Leichen beisammen liegen, wenn 500 daliegen oder wenn 1000 daliegen. Dies durchgehalten zu haben, und dabei – abgesehen von Ausnahmen menschlicher Schwächen – anständig geblieben zu sein, das hat uns hart gemacht.«

---

120 Raphael Gross und Werner Konitzer: Geschichte und Ethik. Zum Einfluss nationalsozialistischer Moral auf die Ethik in Deutschland. In: Gedächtnis, Geld und Gesetz. Vom Umgang mit der Vergangenheit des Zweiten Weltkriegs, Zürich 2002.

Egal, ob es darum ging, ihre Rassenideologie zu rechtfertigen oder politische Gegner auszuschalten – die Nazis schafften es immer wieder, sich wirkungsvoll als Opfer zu inszenieren. Als zum Beispiel die Sturmabteilung und ihr Leiter Ernst Röhm zu unbequem wurden, ließ Hitler die führenden SA-Funktionäre ermorden. Er rechtfertigte die Morde mit der Behauptung, Röhm habe einen Putsch geplant. Im Nachhinein erließ Hitler dann das »Gesetz über Maßnahmen der Staatsnotwehr«, das nur einen Zweck hatte: die bereits begangenen Morde zu legitimieren. »Die zur Niederschlagung hoch- und landesverräterischer Angriffe am 30. Juni, 1. und 2. Juli 1934 vollzogenen Maßnahmen sind als Staatsnotwehr rechtens«, hieß es.

Um den Krieg gegen Polen zu rechtfertigen, täuschten die Nationalsozialisten am 31. August 1939 einen polnischen Angriff auf den Sendeturm Gleiwitz vor. KZ-Häftlinge mussten die Angreifer spielen, sie wurden erschossen, und Bilder ihrer Leichen galten später als Beweismittel. Einen Tag später, am 1. September, fiel die Wehrmacht in Polen ein. Und schon sah es wie ein Verteidigungsangriff aus. Hitler verkündete: »Seit 5.45 Uhr wird zurückgeschossen.«

Auch den Angriff auf die Sowjetunion stellten die Nazis als Verteidigungsmanöver dar. Er sollte die angeblich geplante Bolschewisierung Deutschlands verhindern – also die feindliche Übernahme Deutschlands durch die Juden. Schon 1939 hatte Hitler im Reichstag gesagt:

»Ich will heute wieder ein Prophet sein: Wenn es dem internationalen Finanzjudentum gelingen sollte, die Völker noch einmal in einen Weltkrieg zu stürzen, dann wird das Ergebnis nicht die Bolschewisierung der Erde und damit der Sieg des Judentums sein, sondern die Vernichtung der jüdischen Rasse in Europa.«

Als Hitler gegen »Juden, Freimaurer und die mit ihnen verbündeten weltanschaulichen Gegner des Nationalsozialismus« hetzte, argumentierte er ganz ähnlich wie die Hassbürger heute. Denn sie faseln ebenfalls von einer Weltverschwörung, deren Urheber die USA, die Hochfinanz oder wahlweise eine unbekannte Macht sind. Die Taktik der Nazis, Täter zu Opfern zu machen, ging auf. Das lag daran, dass all diese Worte in Deutschland auf fruchtbaren Boden fielen. Die Deutschen hatten sich schon lange vor der Machtergreifung Hitlers als Opfer gesehen und wurden nun in ihrer Ansicht bestärkt. Schlosser schreibt:

> »Schon der Kriegseintritt Deutschlands 1914 war als ›aufgezwungene‹ Reaktion auf eine feindliche Einkreisung gedeutet worden. Spätestens aber seit der Niederlage von 1918 und dem Versailler Friedensvertrag fühlten sich viele Deutsche als ein zu Unrecht bestraftes Volk.«[121]

Und dieser Opferreflex besteht bei vielen Deutschen bis heute. Muslime, EU-Politiker, Wirtschaftsflüchtlinge, die USA – überall bilden sich die »besorgten Bürger« Feinde ein. Alle haben es ihrer Ansicht nach auf Deutschland abgesehen. Wenn es also Gemeinsamkeiten zwischen der NS-Zeit und heute gibt, liegen sie sicherlich nicht in der angeblichen Unterdrückung des Volkes durch Regierungspropaganda. Der tatsächliche Zusammenhang zwischen der aktuellen Situation und damals sind die Dummheit der Masse, die Herrschaft der Gefühle über die Vernunft. Die neue Ignoranz vieler Deutscher erinnert mich auf tragische Weise an einen Tagebucheintrag des deutschen Schriftstellers Harry Graf Kessler, der 1933 ins Exil nach

---

121 Ebd.

Paris ging. Kessler schrieb über eine neue Bildungsresistenz in Deutschland:

>»Es sei die Herrschaft des kleinen Mittelstandes, die Diktatur des Ungeistes. Der Geist, der Intellektuelle, Künstler, Schriftsteller gelte nichts mehr, sei ganz bedeutungslos geworden. Das sei aber gerade, was der Spießer sich immer gewünscht habe, was ihm als der Idealzustand erscheine. Daher seien siebzig Prozent des deutschen Volkes begeistert und stünden geschlossen hinter Hitler.«[122]

Linke, jüdische und regimekritische Intellektuelle mussten aus Deutschland fliehen. Allen, die blieben, drohte der Tod. Die akademische Elite blutete regelrecht aus, viele Fachbereiche waren nahezu ausgestorben. Den verbliebenen Forschern und Hochschulprofessoren zwangen die Nazis ihre absurden Inhalte und Ideologien auf.[123] Das NS-Regime trieb Deutschland dadurch in die intellektuelle Isolation. Vor dem Krieg galten zum Beispiel die deutschen Geisteswissenschaften als weltweit führend, doch der Nationalsozialismus warf sie um Jahrzehnte zurück.

Natürlich gab es auch gebildete und intellektuelle Nazis. Auf Dauer konnten sich allerdings nur jene halten, die der eher platten NS-Ideologie in allen Bereichen zustimmten. Eine kritische Auseinandersetzung war nicht erwünscht. Umso ironischer ist es, dass sich heute viele Ausländerhasser und Flüchtlingsgegner hinter dem Begriff »Asylkritiker« verstecken. Olaf Frackmann von der Facebook-Community »Zugespielt« hat diese Heuchelei wunderbar entlarvt:

---

122 Harry Graf Kessler: Das Tagebuch 1880–1937. Bd. 9. Stuttgart 2010.

123 Vgl. Frank-Rutger Hausmann: Die Rolle der Geisteswissenschaften im Dritten Reich 1933–1945. Schriften des Historischen Kollegs, Kolloquien 53. München 2002.

Heidenau 2015

Wer diesen Mob als **Asylkritiker** bezeichnet, meint auch, dass diese Leute **Literaturkritiker** waren.

Deutsches Reich 1933

Die Hassbürger reden viel von der sogenannten Nazikeule. Angeblich werde jeder sofort als »Nazi« bezeichnet, der sich negativ über die Themen Zuwanderung und Asyl äußere. Das mag in einigen Fällen sogar stimmen. Aber wenn ich das Wort »Nazikeule« höre, denke ich an eine ganz andere Bedeutung. Sie hat einen Ursprung, den die »besorgten Bürger« nicht vermuten. Ein entscheidendes Merkmal der NS-Propaganda war laut Schlosser, dass sie »keinerlei sprachliche Zwischentöne und Differenzierungen zuließ, sondern stets nur ein und dieselbe sprachliche Keule schwang«.[124] Im Gegensatz dazu forderten die Widerständler »das freie, also auch differenzierende Wort ein, als Voraussetzung für ein selbstständiges, eben auch

---

124 Schlosser: Sprache unterm Hakenkreuz.

differenziertes Denken und Urteilen der Bürger«. Das passte aber nicht zu fremdenfeindlichen Ideologien, die immer mit Vereinfachungen und Plattitüden arbeiten. Die differenzierende Kommunikation der Widerständler war im Dritten Reich chancenlos – nicht nur, weil die Nazis alle Kanäle der Kommunikation beherrschten. Sondern vor allem, weil die NS-Propaganda »ihr Publikum in seinen Vorurteilen mit einer emotionalisierenden Sprache nur noch bestärkte und zur Lösung objektiv vorhandener, aber auch fingierter Probleme jeweils perfide-simple Alternativen anbot«.[125] Meistens sind Lösungen für Krisen und Konflikte anstrengend. Sie erfordern Kompromisse und Mühe. Die Nazis lockten die Bürger dagegen mit einfachen Auswegen. Und weil die Trägheit der Masse siegt, waren sie damit erfolgreich.

Bildung hatte im Dritten Reich wenig mit dem zu tun, was wir heute darunter verstehen. Es ging kaum um die Vermittlung des klassischen Lehrstoffs. Fakten und Zusammenhänge rückten in den Hintergrund. Stattdessen verstanden die Nazis das Wort »bilden« eher im Sinne von »formen«. Die Schule sollte aus den Jugendlichen die idealen »arischen« Deutschen machen.

»Der völkische Staat hat in dieser Erkenntnis seine gesamte Erziehungsarbeit in erster Linie nicht auf das Einpumpen bloßen Wissens einzustellen, sondern auf das Heranzüchten kerngesunder Körper«, schrieb Hitler in »Mein Kampf«, wo er die Grundlagen seiner pädagogischen Maximen festlegte. Er erklärte:

»Erst in zweiter Linie kommt dann die Ausbildung der geistigen Fähigkeiten. Hier aber wieder an der Spitze die Entwicklung des Charakters, besonders die Förderung

---

125 Schlosser: Sprache unterm Hakenkreuz.

der Willens- und Entschlusskraft, verbunden mit der Erziehung zur Verantwortlichkeit und erst als letztes die wissenschaftliche Schulung.«

Das oberste Ziel der Bildung war für ihn, schon Kinder und Jugendliche mit der NS-Propaganda zu konfrontieren. Die Erziehung sollte den »Rassesinn und das Rassegefühl instinkt-und verstandesmäßig in Herz und Gehirn der ihr anvertrauten Jugend« hineinbrennen. »Es soll kein Knabe und kein Mädchen die Schule verlassen, ohne zur letzten Erkenntnis über die Notwendigkeit und das Wesen der Blutreinheit geführt worden zu sein«, schrieb Hitler. Im Geschichtsunterricht beschäftigten sich die Schüler mit der Herkunft der »nordischen« Rasse. Ihnen wurde eingebläut, dass Deutschland im Ersten Weltkrieg Unrecht angetan worden sei. Im Biologieunterricht lehrten die Nazis ihre Vererbungslehre. Und Mathematikaufgaben sahen so aus:[126]

1. »Neben dem Schädelindex und dem Gesichtsindex ist auch der Profilwinkel für die Schädelforschung und die rassische Bewertung eines Menschen wichtig. Der Profiwinkel wird von der ›deutschen Horizontale‹ (Ohr-Augen-Ebene) und der Profillinie (Nasenwurzel-Oberkieferrand) gebildet. Man nennt einen Schädel vor- oder mittel- oder geradkieferig, je nachdem ist. Bestimme hiernach den Profilwinkel verschiedener Schädel.«

2. Nach vorsichtigen Schätzungen sind in Deutschland 300 000 Geisteskranke, Epileptiker usw. in Anstalts-

---

126 Adolf Dorner: Mathematik im Dienste der nationalpolitischen Erziehung. Mathematisches Unterrichtswerk für höhere Lehranstalten, Berlin 1936.

pflege. Was kosten diese jährlich insgesamt bei einem Tagessatz von 4 RM? Wieviel Ehestandsdarlehen zu je 1000 RM könnten – unter Verzicht auf spätere Rückzahlung – von diesem Geld jährlich ausgegeben werden?

3. Innerhalb der drei wichtigsten Bevölkerungsgruppen in Europa waren in den letzten Jahrzehnten folgende Bewegungen festzustellen (in Millionen): 1900–1930
Germanische Völker 124 149
Romanische Völker 103 121
Slawische Völker 166 226

Berechne die Wachstumsfaktoren und die Wachstumssätze der drei Gruppen für zehn Jahre unter der Annahme des gleichbleibenden Wachstums! Wie hoch wären die Bevölkerungsanteile der drei Gruppen im Jahre 1960 unter Zugrundelegung der gleichen Wachstumssätze? Berechne für die drei Zeitpunkte die Anteile der drei Völkergruppen an der Gesamtbevölkerung Europas in Hundertteilen! Welche große Gefahr erkennst Du daraus für die Zukunft der germanischen Völker, wenn nicht ein grundlegender Wandel in dieser Hinsicht eintritt? Erfreulicherweise sind berechtigte Hoffnungen auf eine Umkehr in der Bevölkerungsbewegung in Deutschland vorhanden!«

Wenn die Jugendlichen das achte Schuljahr abgeschlossen hatten, mussten sie das sogenannte Landjahr absolvieren. Das heißt, sie lebten ein Jahr lang in Gruppen auf dem Land und arbeiteten auf Bauernhöfen. Die Mädchen verbrachten ihre Freizeit mit »Gymnastik, Leichtathletik, Schwimmen, Spiel und

Tanz«.[127] Bei den Jungen standen »vormilitärische Ertüchtigung, Leichtathletik, Schwimmen, Boxen usw.« auf dem Programm. Außerdem sollten die Jugendlichen mit Appellen, Feiern, Spielen und Liedern an die nationalsozialistische Ideologie gebunden werden. Bildung war im Dritten Reich kein Selbstzweck mehr. Sie hatte nichts mit Vernunft und kritischem Denken zu tun. Stattdessen war sie ein Mittel, um die Bürger zu manipulieren und zu steuern. Die Inhalte in den Schulbüchern sollten Schüler immer wieder mit der Idee konfrontieren, Soldat zu werden. Und zwar so, dass die Kinder es nicht einmal merkten.[128] Das ist Manipulation in Vollendung.

Es ist kein Zufall, dass alles Intellektuelle von den Nazis weitgehend verdrängt wurde. Sie wollten die Deutschen zu einem Volk von Soldaten und Müttern erziehen. Und wer dumm bleibt, der hinterfragt das fremdenfeindliche Weltbild nicht.

Das war damals so. Das ist heute so. Menschen mit Bildung neigen eher dazu, aus engstirnigen, rassistischen Denkmustern auszubrechen. Ein erweiterter Horizont vergrößert auch das Blickfeld. Für den, der über seine eigenen Schuhspitzen hinwegsehen kann, verliert das Fremde irgendwann an Bedrohlichkeit. Gefühle lassen sich viel leichter instrumentalisieren als Vernunft. Denn sie lösen Instinkte in uns aus, die uns zu schnellem und unreflektiertem Handeln zwingen. Das ist ein Überlebenstrieb, den die Nazis für ihre Propaganda nutzten. Es ist gefährlich, wenn die Emotionen den Verstand besiegen. Die Geschichte droht sich gerade zu wiederholen. Und wir sollten nicht den Fehler machen, wegzusehen wie so viele Menschen

---

127 Merkblatt für die Eltern der Landjahrpflichtigen. Hrsg. vom Reichsministerium für Wissenschaft, Erziehung und Volksbildung.

128 Vgl. Kurt-Ingo Flessau: Schule der Diktatur. Lehrpläne und Schulbücher des Nationalsozialismus, Frankfurt am Main 1984.

damals. Aber die Gefahr kommt nicht durch eine angebliche Islamisierung oder durch Flüchtlingsströme. Fürchten sollten wir uns davor, dass rechtsradikale Einstellungen wieder nach Deutschland zurückkehren. Davor, dass sich erneut ein menschenfeindliches Bild in den Köpfen festsetzt. Alles andere ist eine grausame und dumme Verdrehung der Tatsachen.

15. UGH, UGH! DIE RÜCKKEHR DER STEINZEITMENSCHEN

Ich erinnere mich mit Schrecken an die Stammtische, die ich in meiner Zeit bei den Lokalredaktionen besuchen musste. In verrauchten Wirtshäusern hielten sich Menschen an ihren Weißbiergläsern fest. Die einen blickten mit glasigen Augen vor sich hin, die anderen brüllten, fielen einander ständig ins Wort und machten Witze. Schmetterndes Gelächter. Verschwörerisches Über-den-Tisch-Lehnen. Prankenschläge auf die Schultern des Sitznachbarn. Es gab immer einen, der Bier für alle nachbestellte – auch wenn die anderen schon stöhnend ablehnten. Je später es wurde, desto hemmungsloser war die Runde. Die Witze wurden derber. Es stellte sich eine trunkene Vertrautheit ein. Menschen, die sich sonst kaum etwas zu sagen hatten, lagen sich in den Armen. Das war eine Gemeinschaft, die wohl nur bis zum verkaterten Erwachen am nächsten Morgen hielt. Und natürlich fielen die Stammtischparolen. »Ich traue keinem Türken. Mit denen habe ich nur schlechte Erfahrungen gemacht.« Oder: »Die da oben verarschen uns doch nur.« Oder: »Homosexualität ist wider die Natur.« Die Parolen verallgemeinern, sie verurteilen. Sie sind geprägt von Wut und Rechthaberei. Es geht nicht um Argumente, auch nicht um eine Diskussion. Es geht darum, einen Spruch abzulassen und dafür mit zustimmendem Grölen entlohnt zu werden. Solche Aussagen hört man nicht nur an Stammtischen. Und es sind auch nicht alle Stammtischbesucher gleich. Dennoch ist dieser soziale Brauch für viele zum Sinnbild für Intoleranz und Fremdenfeindlichkeit geworden. Mich erinnern Stammtische an das Ende von George Orwells »Farm der Tiere«. Nachdem die Schweine die anderen Tiere des Bauernhofs unterjocht haben, sitzen sie im Esszimmer des Wohnhauses wie einst die Menschen. Sie trinken Bier. Sie prosten einander zu, sie leeren gierig ihre Krüge. Sie lachen, stampfen mit den Hufen und feiern das Gebot, das sie erlassen haben: »Alle Tiere sind gleich. Aber manche sind gleicher als die anderen.«

Im »Stammtisch« steckt nicht umsonst das Wort »Stamm«. Er ist sozusagen eine moderne Form des steinzeitlichen Stammes. Die Mitglieder fühlen sich aufgrund einer gemeinsamen Herkunft oder durch kulturelle Gemeinsamkeiten miteinander verbunden. Gleichzeitig haben sie das Bedürfnis, sich von anderen abzugrenzen. Dieses Phänomen nennt man »Tribalismus« – also die »Loyalität zu einem Stamm oder einer anderen sozialen Gruppe, besonders wenn sie mit starken negativen Gefühlen gegenüber Menschen außerhalb der Gruppe verbunden ist«.[129]

Es klingt vielleicht hart, aber wir erleben gerade eine Rückkehr zu steinzeitlichen Verhältnissen. Einige Menschen in Deutschland haben das Gefühl, nicht mehr dazuzugehören. Sie wollen das auch gar nicht, sie spalten sich ab. Es ist egal, ob sich diese Gruppen »Pegida« nennen oder »Freital wehrt sich«. Ihren Mitgliedern ist der gleiche Impuls zu eigen: Sie grenzen sich ab gegenüber »den anderen«, also gegenüber Flüchtlingen, gegenüber den sogenannten Gutmenschen, gegenüber der deut-

---

129 Merriam-Webster Dictionary Online.

schen Politik, gegenüber der Europäischen Union, gegenüber den USA. Einfach gegenüber allen. Der US-TV-Moderator Chris Matthews erklärte den Tribalismus einmal am Beispiel des heutigen Afrika. Demokratien hätten es dort schwer, sich zu etablieren, weil die Gesellschaft in unzählige ethnische und sprachliche Gruppen zersplittert sei. Jede Gruppe sehe die anderen Gruppen als ungültig an, sogar als unmenschlich.[130] Eine Demokratie funktioniert laut Matthews aber nur, wenn alle Parteien einander anerkennen. Auch wenn sie bestimmte Meinungen der Gegenseite nicht teilen, müssen sie die anderen doch akzeptieren können. Der Tribalismus in Afrika ist nach Ansicht vieler Experten auch eine Folge der Kolonialpolitik. Die Kolonialherren hinterließen »ein Vakuum, das durch das Fehlen starker demokratischer Institutionen geschaffen wurde«, erklärt Calestous Juma, Professor für Internationale Entwicklung in Harvard.[131] Es kann böse Folgen haben, wenn die Feindseligkeiten verschiedener Gruppen zu groß werden. »Die vergangenen 20 Jahre in Somalia haben gezeigt, wie gefährlich ethnischer Wettbewerb ist, und sie haben betont, wie wichtig es ist, Staaten um Ideen zu bauen und nicht um Stammesidentitäten«, erklärt Juma. Der Tribalismus hat Kenia seiner Ansicht nach an den Rand des Bürgerkriegs gebracht.

Vor »bürgerkriegsähnlichen Zustanden« fürchten sich auch die »besorgten Bürger«. Das ist paradox. Wenn es in Deutschland zu solchen Unruhen kommen sollte, dann deshalb, weil die Hassbürger sie durch ihre Fremdenfeindlichkeit auslösen. Tribalismus bedeutet, dass sich Menschen in Stämmen organisieren, statt sich als Teil einer größeren Gesellschaft zu sehen. Das ist eine

---

130 T. C. Gibian: Political Tribalism in the USA. The Daily Kos. 03.04.2012.
131 Calestous Juma: Viewpoint: How tribalism stunts African democracy, BBC.com. 27.11.2012.

Abkehr vom Weltbürgertum, von Internationalität und Globalisierung. Mit anderen Worten: ein Rückschritt in dunkle Zeiten. »Es hört sich an wie hundert Trommelnde mit verschiedenen Trommeln, jeder schlägt seinen eigenen Rhythmus«, sagte Dave Frohnmayer, Präsident der Universität Oregon, einmal in einer Rede. »Es hört sich an wie ein Vielklang von hundert Stämmen, jeder spricht seine eigene Sprache. Es hört sich an wie hundert Aufrufe zum Krieg.«[132] Ein sehr passendes Bild, das uralte Stammesrituale heraufbeschwört. In der gleichen Rede sagte Frohnmayer:

>**»Es ist das Erstarken einer Politik, die auf engstirnigen Sorgen gründet. Sie nutzt die Aufteilung in Klassen, Vermögen, Geschlecht, Regionen, Religionen, Ethnien, Moralvorstellungen und Ideologien aus. Es ist ein gnadenloser Aktivismus, der Befriedigung fordert und keine Kompromisse eingeht.«**

Der Tribalismus betrifft nicht nur Deutschland und Afrika. Er ist ein weltweites Problem und mitverantwortlich für den Rechtsruck, der gerade durch viele Länder geht. Gemeinschaftliche Werte werden ersetzt durch egoistische Ziele einzelner Gruppen. Der Staat verliert an Bedeutung. Einen Grund dafür sieht der ehemalige US-Arbeitsminister Robert Reich darin, dass die wirtschaftliche Sicherheit eines Landes nicht mehr von Armeen, sondern von Finanztransaktionen auf der ganzen Welt abhängt. »Globale Unternehmen spielen Nationen gegeneinander aus, um die größten Zugeständnisse bei Steuern und Richtlinien zu bekommen«, schreibt Reich in einem Gastbeitrag

---

132 David Frohnmayer: The New Tribalism. Will special interest politics tear Oregon apart? The Office oft he President Emeritus Webseite.

für das US-Portal »Salon«.[133] Da heute jeder mit jedem vernetzt ist, werden Staaten laut Reich unwichtiger. Stattdessen besinnen sich die Menschen wieder mehr auf private Verbindungen wie Religion, Sprache und Kultur. »Ein vereintes Europa, das vor wenigen Jahren noch in Reichweite zu sein schien, unterliegt den zentrifugalen Kräften seiner verschiedenen Sprachen und Kulturen«, stellt Reich fest.

In den USA entzweit der Tribalismus die Politik. Demokraten und Republikaner haben Reich zufolge keine gemeinsamen Werte mehr. Die Liberalen würden sich für die Gleichstellung Homosexueller einsetzen und für das Recht des Einzelnen, über seine Fortpflanzung selbst zu bestimmen. Die Konservativen kämpften für das Recht auf Waffenbesitz und für mehr Freiheiten beim Eigentum. »Die einen glauben an Klimawandel und Evolution, die anderen nicht«, schreibt Reich. Er zieht ein bitteres Fazit: »Die beiden Stämme entzweien die USA, indem sie die eigenen Interessen ihrer Gruppe über das Wohl des Staates stellen – das unterscheidet sich nicht sehr davon, was gerade in anderen Teilen der Welt passiert.«

Tribalismus ist im menschlichen Gehirn verdrahtet. Das sei sehr wahrscheinlich ein Ergebnis der Evolution und ihrer natürlichen Auslese, erklärt der Biologe Edward Wilson.[134] Die Zugehörigkeit zu einer Gruppe verschafft Menschen schließlich ein Gefühl von Sicherheit und Orientierung. Wilson versetzte die akademische Welt in den 1970er-Jahren in Aufruhr. Er wagte es, die bis dahin unumstößliche Theorie anzugreifen, dass die menschliche Kultur erlernt sei und die Evolution keinen Einfluss darauf gehabt habe. Das entsprach damals dem Ideal des allein durch Vernunft gesteuerten Menschen, der sich über die Tiere

---

133   Robert Reich: Tribalism is tearing America apart. Salon.com. 25. 03. 2014.

134   Edward O. Wilson: Are human brains hardwired to recognize some groups of people as friends and others as enemies? The Globalist Online, 07. 01. 2013.

erhoben habe. Wilson vermutete, dass Kultur und Gene einander gegenseitig beeinflussen. Die Entwicklung vom Steinzeitmenschen hin zum sesshaften Bauern zum Beispiel hat seiner Ansicht nach das Erbgut des Menschen verändert. Zu diesen Einsichten kam Wilson kurioserweise, indem er das Verhalten von Insekten erforschte. Ameisen und Bienen zum Beispiel sind ähnlich soziale Wesen wie die Menschen: Sie kommunizieren miteinander, um ihr Nest zu schützen. Heute gelten Wilsons Theorien als bewiesen – auch dank der Entschlüsselung des menschlichen Genoms.

»Das Ziel ist es, zu einem Kollektiv zu gehören, das im Vergleich zu konkurrierenden Gruppen der gleichen Kategorie besser abschneidet«, sagt Wilson. Dieses Verhalten ist so stark ausgeprägt, dass es sogar einem Instinkt gleichkommt. »Es ist eine unbequeme Tatsache, dass Individuen die Gesellschaft von Mitgliedern der gleichen Rasse, Nationalität, des gleichen Stamms und der gleichen Religion bevorzugen, wenn sie die freie Wahl haben«, schreibt Wilson. Als Beleg nennt er Experimente, bei denen die Probanden Bilder von Menschen unterschiedlicher Hautfarbe zu sehen bekamen. Im MRT wurde dabei die Aktivität der Amygdala gemessen, also jenes Gebiets im Hirn, in dem Angst entsteht. Bei den hellhäutigen Versuchsteilnehmern war die Amygdala aktiver, wenn sie Fotos dunkelhäutiger Menschen sahen, als wenn die Bilder hellhäutige Menschen zeigten. Sie nahmen die Dunkelhäutigen unbewusst als Bedrohung wahr, die »mit unbekannten Mitgliedern einer Fremdgruppe assoziiert wird«.[135] Das passierte alles so schnell, dass die Betroffenen davon nichts merkten. Sie konnten es also nicht steuern. Trotz-

---

135 Jaclyn Ronquillo, Thomas F. Denson, Brian Lickel, Zhong-Lin Lu, Anirvan Nandy und Keith B. Maddox: The effects of skin tone on race-related amygdala activity: an fMRI investigation. Social Cognitive and Affective Neuroscience. 007 Mar; 2(1). Oxford 2007.

dem können wir diesen Instinkt überwinden. Unter bestimmten Voraussetzungen wurden bei den Versuchen auch Hirnregionen aktiv, die für Lernprozesse und Vernunft zuständig sind. Sie dämpften die Signale der Amygdala. Diese Hirnregionen haben sich laut Wilson durch die Evolution weitergebildet, um das Zusammengehörigkeitsgefühl zu stärken. Der Biologe bestätigt also meine These: Toleranz ist eine Eigenschaft des höher entwickelten Menschen. Das finde ich sehr tröstlich. Wilson hat sich mit den dunklen Auswirkungen des Tribalismus beschäftigt. Homophobie zählt dazu. Auch extreme religiöse Ansichten bestehen bis heute, weil viele Menschen noch immer geistig in den Strukturen eines Stammesdenkens gefangen sind. Es sieht nicht so aus, als würde sich das in naher Zukunft ändern.

Was ist stärker in uns veranlagt – das Gute oder das Böse? Wilson hat auf diese Frage eine beruhigende Antwort. In seinem Bestseller »The Social Conquest of Earth«,[136] den die »New York Times« in ihre Liste der 100 bemerkenswerten Bücher des Jahres 2013 aufnahm, schreibt er: »Selbstsüchtige Individuen besiegen uneigennützige Individuen. Aber uneigennützige Gruppen besiegen Gruppen selbstsüchtiger Individuen.« Den Wunsch, zu einer Gruppe oder einem »Stamm« zu gehören, kann niemand unterdrücken. Er gehört zum Menschsein, und ihm verdanken wir auch unser soziales Wesen. »Die soziale Welt eines jeden modernen Menschen besteht nicht aus einem einzigen Stamm, sondern aus einem System ineinander übergreifender Stämme«, stellt Wilson fest.

Der beste Schutz vor Tribalismus ist also, wenn Menschen vielen verschiedenen Gruppen angehören und von dieser Diversität geprägt werden. So ging es auch mir.

---

136 Edward O. Wilson: The Social Conquest of Earth. New York 2013.

Ich komme ursprünglich aus einer kleinen Industriestadt in der Nähe von Stuttgart.[137] Dort wohnte ich im Viertel mit dem höchsten Ausländeranteil: Hochhäuser, Fitnessstudios, Dönerbuden. Es sah aus, wie triste Arbeitersiedlungen eben aussehen. Unsere Kindergartenerzieherinnen suchten den Spielplatz nach Heroinspritzen ab. Bei Penny wühlten Frauen mit Kopftuch am Warentisch nach Obst. Frauen ohne Kopftuch auch. Ich ging auf die Grundschule des Viertels. Mit Eray, Ugur, Sevcan und Yasemin. Der Ausländeranteil in meiner Klasse lag bei etwa 80 Prozent. Es lief nicht immer reibungslos, das gebe ich zu.

Im Unterricht wollte Yasemin von mir abschreiben. Ich ließ sie nicht. »Du bist dumm«, flüsterte sie. »Selber«, zischte ich zurück. Sie sagte: »Boah, nach der Schule passen wir dich ab und verhauen dich.« Damit drohte sie öfter, und ich hatte jedes Mal Angst. Sie machte die Drohungen nie wahr, zum Glück. Der Einzige, der mich einmal nach der Schule verprügelte, war ein Deutscher. Er stieg von seinem Fahrrad, ohrfeigte mich und sagte: »Du hast mich Arschloch genannt.« Hatte ich nicht, aber das war ihm egal. Ich hatte bis heute nie das Gefühl, dass mir meine Zeit in dieser Grundschule geschadet hat. Ich lernte alles, was ich lernen musste, und hatte keine Probleme, im Gymnasium mitzukommen. Mein soziales Umfeld war so vielfältig, dass Identität eigentlich keine Rolle mehr spielte. Ich spielte mit deutschen Kindern genauso wie mit Kindern russischer, rumänischer, türkischer und italienischer Abstammung. Es gab keine verfeindeten Gruppen, weil wir uns alle doch in stillem Einvernehmen als Einheit sahen. Wir lebten im selben Viertel. Egal, wie schäbig es dort war: Es war unser Zuhause. Nach der vier-

---

137 Die folgende Schilderung erschien bereits in einer ähnlichen Version bei der »Huffington Post«. Hoffmann, Sabrina: Die ungeschönte Wahrheit über meine Kindheit im Moslemghetto. Huffington Post Deutschland, 15.01.2015.

ten Klasse wechselten Eray, Sevcan und die meisten anderen meiner Mitschüler auf die Hauptschule. Was aus ihnen geworden ist? Ich weiß es nicht. Nur Yasemin traf ich viele Jahre später wieder. Sie arbeitete als Arzthelferin in einer Praxis. Sie erinnerte sich noch an mich. Und sie hatte sich verändert. Aus dem trotzigen Mädchen war eine höfliche junge Frau geworden. Yasemin hatte aus ziemlich miesen Voraussetzungen das Beste gemacht. Sie wollte ihren Platz in unserer Gesellschaft finden. Sie fühlte sich wohl, sie wollte dazugehören. Genau wie viele andere Muslime, die ich kennenlernte. Ich habe Menschen anderer Religionen oder anderer Kulturkreise deshalb nie als Bedrohung gesehen. Meine Amygdala hatte sozusagen zumindest in dieser Hinsicht sehr früh nichts mehr zu melden. Weil die Fakten und die Vernunft, kurz gesagt, meine erlebte Wirklichkeit, überzeugender waren. Meine beste Freundin im Gymnasium war auch eine Muslima. Sie lebte ihren Glauben sehr moderat. Kein Kopftuch, kein Gebetsteppich. Dafür verzichtete sie auf Alkohol und Schweinefleisch. Meine Freundin verstand nie, warum ich Atheistin war, aber sie versuchte nicht, mich zu bekehren. Wir sprachen manchmal über den Koran, und sie sagte mir:»Ich glaube, alle Menschen beten zum gleichen Gott. Sie nennen ihn nur anders.«

Yasemin und meine Freundin sind keine Ausnahme. Nein, eine Studie der Bertelsmann Stiftung hat ergeben, dass sich die Muslime in Deutschland sehr gut integrieren.[138] Jeder Zweite hat in seiner Freizeit genauso viele Kontakte zu Nichtmuslimen wie zu Angehörigen seines eigenen Glaubens. Das klingt nicht nach Abschottung, auch nicht nach Parallelgesellschaft oder Tribalismus. Eine andere Zahl aus der Studie legt nahe, dass sich

---

138 Kai Hafez und Sabrina Schmidt: Die Wahrnehmung des Islams in Deutschland. Religionsmonitor – verstehen, was verbindet. Bertelsmann Stiftung, Gütersloh 2015.

Muslime durchaus westeuropäischen Werten öffnen: 58 Prozent der Muslime in Deutschland, die sich als sehr oder ziemlich religiös bezeichnen, sind zum Beispiel für die Heirat unter homosexuellen Paaren. Das passt nicht in das Bild des rückständigen und primitiven Islam, das viele Pegida-Anhänger beschwören. Wo sind die Muslime, die nachts durch die Straßen ziehen und Frauen vergewaltigen? Ich habe meine Kindheit unter Muslimen und vielen anderen Zuwanderern verbracht, und ich habe überlebt. Sehr gut sogar. Kein einziges Mal hatte ich das Gefühl, dass die Menschen mit fremder Herkunft mir schaden oder mich gefährden. Um beim Bild von David Frohnmayer zu bleiben: Ich wuchs mit dem Klang vieler Trommeln auf. Aber ich hörte nicht nur Trommeln, ich hörte auch Hörner, Geigen, Gitarren und viele andere Instrumente. Zusammen waren wir ein Orchester. Zusammen gelang es uns, aus einem Vielklang der Stämme ein gemeinsames Werk zu gestalten.

Das ist es, was eine Gesellschaft in meinen Augen ausmacht. Das Notenblatt, nach dem sie spielt, sind ihre gemeinsamen Werte und Ideen. Es funktioniert aber nur, wenn sich alle daran halten. Die Harmonie in Deutschland ist in Gefahr, weil sich einige Gruppen abspalten. Sie fühlen sich benachteiligt und bedroht. Sie kehren zurück in einen uralten Zustand, der längst überwunden schien. Diese Menschen sind zurzeit lauter als die anderen. Was sie von sich geben, ist hässlich. Es ist an der Zeit, sie mit der Stimme der Vernunft zu übertönen.

16. DIE RETTUNG: BILDUNG ALS LETZTE CHANCE

Jetzt ist der Moment, in dem wir uns als Gesellschaft klarmachen müssen, dass wir die hasserfüllten Menschen nicht einfach zurücklassen können. Wir können sie auch nicht ignorieren, denn sie gehören zu diesem Land. Und damit sind sie unser Problem. Wir stehen an einem Wendepunkt. Es wird sich zeigen, ob wir als Gesellschaft die Kraft haben, unsere noch relativ jungen Werte wie Freiheit und Toleranz in der Krise zu schützen. Viele Menschen versuchen, die Gefahr zu verharmlosen, die von den »besorgten Bürgern« ausgeht. Das seien doch nur einfache Leute, heißt es. Nicht die seien gefährlich, sondern die rechtsextremen Drahtzieher und die faschistischen Fanatiker. Das stimmt so nicht. Intellektueller Rechtsextremismus ist noch immer eine Randerscheinung in Deutschland, wie der Extremismusforscher Uwe Backes feststellt.[139] Es gibt da ein paar Wissenschaftler und Denker, die sich in zweifelhaften Zeitschriften austoben,

---

139 Uwe Backes: Intellektueller Rechtsextremismus in Deutschland. Bundeszentrale für Politische Bildung. 2012.

aber ihr Einfluss ist sehr gering. Intellektuell und rechtsextrem – das passt einfach nicht zusammen. Die rechte Gefahr in Deutschland geht nicht von Menschen wie Lutz Bachmann, NPD-Chef Frank Franz oder Christian Worch, dem Vorsitzenden der Rechten, aus. Sie sind machtlos ohne die Menschen aus der Mitte der Gesellschaft. Menschen, die in ihren Heimatgemeinden bei Wahlen so abstimmen, dass Parteien wie die NPD 16 Prozent und mehr erhalten – wie in Reinhardtsdorf-Schöna, einem 1500-Einwohner-Ort in Sachsen unweit der tschechischen Grenze. In dem Dorf ist für viele Gesetz, was ein Klempner sagt. Der Klempner heißt Michael Jacobi, 60 Jahre. Er ging als Spitzenkandidat der NPD in die Wahl. Bei Jacobi wissen die Menschen in Reinhardtsdorf-Schöna, was sie an ihm haben. Er geht bei ihnen ein und aus, repariert ihre Wasserhähne, verteilt vor Urnengängen Blumensträuße, und im Gegenzug erhält er die Stimmen der Dorfbewohner. Auf dem Land, das gilt für Sachsen insbesondere, sind die Menschen anfälliger für rechte Parolen. Dabei setzen die Rechtsextremen immer auf dasselbe Schema: die Leichtgläubigkeit, die Untätigkeit und die Beeinflussbarkeit der breiten Masse. Die Volksparteien haben in Reinhardtsdorf-Schöna nichts zu sagen. Im Gemeinderat sind CDU und SPD gar nicht erst vertreten. Stattdessen sitzen da ein Linker, ein Rechter und ein Freier Wähler. Sie teilten die Stimmen untereinander auf.

»Die NPD spielt mit den Urängsten der Menschen«, erklärte Bürgermeister Olaf Ehrlich meinem Kollegen während eines Besuchs in seiner Heimatgemeinde. Das mache sie so erfolgreich. Ein anderes Beispiel für dieses Phänomen ist Großdubrau. Die Gemeinde in Ostsachsen nördlich von Bautzen gilt als die braunste in ganz Deutschland. NPD und AfD holten hier bei der Landtagswahl 2014 mehr als 31 Prozent. Der Verfall der Demokratie zeigt sich hier schon bei der Besetzung des Gemeinderats. Er besteht aus nur noch zwei Lagern, Abgeordneten der Unabhängigen Wählervereinigung (UWV) und der CDU. Letztere sind deutlich in der Minderheit.

Was, wenn eines Tages eine rechte Partei in Deutschland durchstartet, die gerade noch gesellschaftlich akzeptabel ist und es dennoch schafft, die Ängste der »besorgten Bürger« zu instrumentalisieren? Das ist eine unheimliche Vorstellung. In Schweden ist sie schon Wirklichkeit. Dort holten die rechtspopulistischen Schwedendemokraten in Umfragen bereits mehr als 25 Prozent. Sie wären damit die stärkste Kraft im Parlament. Die Schwedendemokraten sind eine »Partei, die das Grundrecht auf Asyl infrage stellt und die Einwandererzahlen um 90 Prozent senken will, die gegen straffällig gewordene Ausländer hetzt und Migranten nur noch ›auf Bewährung‹ nach Deutschland lassen will«, so fasste es mein Kollege Sebastian Christ in der »Huffington Post« zusammen. Sie haben es so weit geschafft, weil sie ganz ähnlich argumentieren wie die »besorgten Bürger«. Sie inszenieren sich als Partei, die von den etablierten Politikern unterdrückt werde und die angeblich als Einzige die Sorgen der Bevölkerung ernst nehme. Mit den Stimmen der Hassbürger wäre eine solche Partei in Deutschland sehr schnell sehr mächtig. In Anbetracht der aktuellen Situation scheint es nur eine Frage der Zeit zu sein, bis diese Möglichkeit Wirklichkeit wird.

»Nazis und Rassisten müssen wir entgegentreten – mit Worten und auf der Straße«, sagte aus diesem Grund die Juso-Chefin Johanna Uekermann der »Huffington Post«. »Wir müssen verhindern, dass deren Parolen Anklang in der Bevölkerung finden. Deshalb ist es notwendig, dass wir uns um Probleme kümmern, die oftmals als Katalysatoren für derartige Stimmungsmache wirken.« Viele Menschen haben laut Uekermann Abstiegsängste: Angst, ihren Job zu verlieren oder nicht mehr mithalten zu können. »Menschen macht der Fortschritt und der

Konkurrenzkampf Sorge. Menschen fürchten, dass sie schnell zu ersetzen sind«, sagte sie. Und diese Ängste würden sie oftmals auf alles Fremde projizieren, aktuell auf Flüchtlinge. Deshalb müssen wir nach Ansicht von Uekermann soziale Sicherungssysteme ausbauen, den sozialen Wohnungsbau zum Beispiel. »Und wir müssen in Bildung und Weiterbildung investieren, damit niemand auf der Strecke bleibt.«

Auch ich glaube, dass wir Fremdenfeindlichkeit vor allem mit Bildung bekämpfen müssen, denn dann gibt es keine Menschen, die einer Hasspartei ihre Stimme geben. Das ist natürlich ein schwieriges Vorhaben. Es wird lange dauern, bis es Wirkung zeigt, und vielleicht wird der Kampf nie ganz aufhören. Trotzdem wird es Zeit, aktiv zu werden. Aber was müsste sich ändern? Was könnte besser laufen? Ich habe mit Bildungsforschern und Erziehungswissenschaftlern über mögliche Lösungsansätze gesprochen. In einem sind sich die Experten einig: Eine gute Bildung ist der einzige Schutz vor Fremdenfeindlichkeit. Gerade bei den Jugendlichen von heute gibt es große Unterschiede in den Einstellungen.

»Immer mehr junge Menschen erreichen einen hohen Bildungsgrad«, sagte mir zum Beispiel der Jugendforscher Klaus Hurrelmann. »Sie sind sprachgewandt, ihre Ausbildung ist oft international.« Diese jungen Menschen sind selten fremdenfeindlich. Dafür sind die schlecht ausgebildeten Jugendlichen laut Hurrelmann besonders gefährdet, in rechtsextreme Milieus abzudriften. Und was mit den jungen Menschen passiert, ist entscheidend, denn sie bestimmen die Zukunft unserer Gesellschaft.

Hurrelmann sagt deshalb: »Die beste Methode gegen Fremdenfeindlichkeit ist es, für eine möglichst hohe Bildung in der jungen Generation zu sorgen. International liegt die Abiturquote bei 70 Prozent, bei uns erst bei 50 Prozent. Da ist noch Platz nach oben.« In der Schule können Jugendliche seiner Ansicht nach die einmalige Erfahrung machen, mit Menschen unterschiedlicher Herkunft zusammen zu lernen und zu arbeiten. Sie können für sich die Frage beantworten: Was ist denn nun wirklich fremd an den Fremden? Eine Schule mit hohem Anteil von Zuwandererkindern kann also eine Chance sein. Sie bereitet auf das Leben in einer vielschichtigen Gesellschaft vor. Dort können sich die Kinder noch ausprobieren. Sie lernen zu akzeptieren, dass manche Menschen anders sind als sie. »Ausländerhass entsteht immer aus Unkenntnis. Aus Mangel an Wissen über den anderen. Aus Mangel an Einfühlungsvermögen«, sagte mir der Erziehungswissenschaftler Volker Ladenthin.

Das Unbekannte muss zum Vertrauten werden. Schließlich ist Fremdenfeindlichkeit besonders in den Regionen Deutschlands verbreitet, in denen es kaum Ausländer gibt. Ladenthin findet, dass Türkisch wahlweise als zweite Fremdsprache in den Schulen eingeführt werden sollte – das sei viel naheliegender als Französisch. Die »besorgten Bürger« würden bei dieser Entscheidung aufschreien und von der Islamisierung fantasieren. Das macht Ladenthin keine Sorgen. Die Schulen könnten langsam anfangen, mit AGs zum Beispiel. Wenn es Bedenken gebe, müsse man seiner Ansicht nach darüber reden. »Dass es erst gar nicht ausprobiert wird, das ist das Problem.«

Ich glaube auch, dass wir anfangen müssen, vermeintliche Tabus zu brechen. Was wir zuerst als Bedrohung empfinden, kann sich als ganz normal oder sogar vorteilhaft erweisen. Wer weiß, was ein Türkischunterricht in Deutschland für Folgen hätte? Vielleicht würde er den Zuwandererkindern früher das Gefühl geben dazuzugehören. Vielleicht hätten deutsche Kinder von Anfang an mehr Verständnis für die türkische Kultur. Vielleicht würde es sogar ihre eigene Kultur bereichern.

Um Fremdenfeindlichkeit vorzubeugen, müssen Schulen einen erzieherischen Auftrag erfüllen. Laut Ladenthin könnte er so aussehen: Die Schulen müssen sozial benachteiligte Kinder in ihren wirklichen Problemen ernst nehmen, sie individuell fördern und das Gespräch mit ihnen suchen. Nur so können sie seiner Ansicht nach kompensieren, was die Elternhäuser nicht schaffen. »In meinen Veranstaltungen merke ich schnell, aus welcher Schicht die Studenten kommen«, sagt Ladenthin. »Ich frage einfach, was sie bisher gelesen haben. Bei den Kindern aus bildungsfernen Familien ist das meist nicht viel.«

Schule darf sich nicht nur auf die Förderung kognitiver Fähigkeiten beschränken. Sie muss auch nachholen, was im sozialen Umfeld versäumt wird. Zum Beispiel, indem sie bei Kindern aus sozial schwachen Schichten mit Lektürekursen das Interesse am Lesen weckt. »Natürlich kann man das bei Kindern aus bildungsfernen Schichten genauso fördern wie bei Kindern von Akademikern«, sagt Ladenthin. »Man muss es einfach tun.« Er glaubt, dass wir die Angst vor Fremden indirekt fördern, wenn wir soziale Werte nicht in den Lehrplan integrieren. Die Welt verändert sich – durch Globalisierung, durch Zuwanderung. Darauf muss ein modernes Bildungssystem Antworten haben. In den neuen Kompetenzzielen für Schüler ist das soziale Verhalten laut Ladenthin nur in Form einer »Sozialtechnologie« enthalten. Das heißt, Jugendliche sollen lernen, wie sie ihr Verhalten effektiv einsetzen, um ihre beruflichen Ziele zu erreichen.

Ich finde, das klingt schon fast zynisch. Wie kann eine Technologie einem Kind vermitteln, was es bedeutet, menschlich zu sein? Ich spüre in dieser Sichtweise eine große Kälte. Wie sollen Toleranz, Fairness und Gerechtigkeit bei den Schülern gestärkt werden, wenn soziales Verhalten nur ein Mittel zum Zweck ist? Sozial zu sein ist doch ein Grundzug des menschlichen Wesens. Das ist ein Wert, der für sich selbst steht. Wenn wir Kindern beibringen, wie sie ihr Verhalten zu ihrem eigenen Vorteil einsetzen, erziehen wir eine ganze Generation von Soziopathen. Das kann nicht die Antwort auf die Herausforderungen der Zukunft sein.

Es wird viele Herausforderungen geben. Und auch viele Krisen. Die Zeiten haben sich eben, wie gesagt, geändert. Vor ein paar Jahrzehnten war Deutschland eine autoritär geprägte Gesellschaft. Es herrschte Ordnung, es gab feste Strukturen und Traditionen.[140] Inzwischen hat sich Deutschland wie die meisten modernen Staaten zur Dienstleistungsgesellschaft entwickelt. Das bedeutet, es gibt eine sogenannte Arbeitsteilung. Etwa 24.000 verschiedene Berufe zählen wir alleine in Deutschland. Jeder Bürger hat jetzt eine sehr spezielle Aufgabe. Er ist nicht mehr eingebunden in das streng hierarchische System, das es früher gab. Das hat viele Vorteile. Der einzelne Bürger hat jetzt mehr Rechte und eine bessere Stellung. Es hat aber auch Nachteile. Der Bürger muss jetzt »für sich selber, aber auch für andere und für die Gesellschaft insgesamt Verantwortung übernehmen«, wie der Bildungsforscher Wolfgang Edelstein feststellt.[141] Er müsse »seine Handlungskompetenz, sein Leistungsvermögen, seine Wirksamkeit kontinuierlich unter Beweis stellen und durchsetzen«. Das hat den Druck auf den einzelnen Menschen erhöht. Plötzlich sind wir ganz alleine dafür verantwortlich, was wir aus unserem Leben machen. Es gibt keine vorgezeichneten Bahnen und Wege mehr. Viele Menschen fühlen sich allein gelassen, und viele scheitern an den Ansprüchen der Leistungsgesellschaft. Und obwohl sich unsere Lebenswelt so sehr verändert hat, sind die Lehrpläne nahezu gleich geblieben. Die Bildung orientiert sich noch immer an überliefertem Wissen. Wir lernen im Großen und Ganzen das, was viele Generationen vor uns auch schon gelernt haben. Wir

---

140 Vgl. Wolfgang Edelstein: Demokratiepädagogik und Schulreform, Schwalbach 2014.

141 Ebd.

pauken Geschichte, prägen uns chemische Formeln ein, lernen Gedichte auswendig.

Die Bildung in Deutschland ist verstaubt. Man kann es nicht anders sagen. Das Neue hat keinen Platz. Stattdessen klammern wir uns an alte Traditionen und an das, was wir mit dem unschönen Wort »Bildungskanon« bezeichnen. Wolfgang Edelstein schreibt:

>»Im günstigsten Fall stellt Lernen unter den gängigen Bedingungen ein Museum der Erinnerungsarbeit her, im ungünstigsten Fall ein Trümmerfeld des Gedächtnisses, statt Werkstatt und Konstruktionslabor eines zukunftsfähigen Handlungswissens zu sein.«[142]

Edelstein fordert nachhaltige Bildung. Und nachhaltig ist eine Bildung nicht, wenn sie nur immer wieder die alten, muffigen Stoffe aus der Mottenkiste hervorholt. Nachhaltig ist sie, wenn sie nach vorne gerichtet ist. Wenn sie junge Menschen auf eine unsichere Zukunft vorbereitet. Die Bildung müsse ihnen helfen, in »einer sich wandelnden Gesellschaft zu bestehen«, erklärt Edelstein. Dabei kommt es weniger auf theoretische Inhalte an. Es geht um das Wie. Statt einer Unterrichtsanstalt müssen wir die Schule der Zukunft zu »einer erzieherischen Lebenswelt«[143] umgestalten. Sie muss eine Gemeinschaft sein, ein sicherer Ort, an dem Kinder für den Alltag üben können. Auf dem Lehrplan steht dann soziale Kompetenz, dazu zählt zum Beispiel die Fähigkeit, zu kooperieren und Verantwortung zu übernehmen. Die Schüler sollen selbstständig und im Team Projekte gestalten und durchführen. »Sie müssen moralisch urteilen, politisch diskutieren und demokratisch handeln können«, schreibt

142 Ebd.
143 Ebd.

Edelstein. Er fordert, dass mehr Demokratie in der Schule gelehrt wird. In der NS-Zeit war Edelstein Grundschüler. Als Jude wurde er von den anderen Kindern verhöhnt und geschlagen. Heute warnt er davor, dass viele junge Deutsche die demokratischen Grundwerte aufgekündigt haben. Zwischen 30 bis 50 Prozent der männlichen Jugendlichen seien politikverdrossen und bis zu 30 Prozent rechtsradikal. Edelstein verweist auf eine Studie von 2001, die Einstellungen von 14-Jährigen in 28 Ländern untersuchte. Die deutschen Jugendlichen waren die ausländerfeindlichsten.[144] Das ist ein erschreckendes Ergebnis. »Demokratie ist keine Naturgegebenheit«, schreibt Edelstein. Wir sollten auf ihn hören. Schließlich ist er einer der wenigen lebenden Menschen in unserer Gesellschaft, die das Dritte Reich noch erlebt haben. Er weiß, wie es ist, wenn die Demokratie zerschellt.

Demokratie ist für Edelstein nicht nur eine Herrschaftsform. Sie ist eine Gesellschaftsform, die »Engagement und Handlungskompetenz« erfordert. Die Kinder müssen die Tugenden der Demokratie wieder lernen: Fairness, Gleichberechtigung, Kooperation, gegenseitiger Respekt. Das klingt sehr allgemein. Doch Edelstein macht auch einen konkreten Vorschlag, wie eine solche Bildung konkret in den Schulen aussehen könnte. Die Schule muss zu einer Institution werden, in der demokratische Beteiligung im Alltag gelebt wird. Die Schüler sollen mitbestimmen dürfen, wie der Unterricht gestaltet wird. Sie sollen dem Lehrer Fragen stellen dürfen, auch unangenehme. Warum lernen wir diesen Stoff und nicht einen anderen? Warum haben Sie diese Form für den Unterricht gewählt? Gibt es nicht vielleicht eine bessere? Statt Frontalunterricht soll es

---

144 Judith Torney-Purta, Rainer Lehmann, Hans Oswald und Wolfram Schulz: Citizenship and Education in Twenty-eight Countries: Civic Knowledge and Engagement at Age Fourteen, Amsterdam 2001.

in den Stunden Kooperation geben, gemeinsames Arbeiten an einem Projekt. Lehrer können die Schüler durch Anerkennung innerhalb der Klassengemeinschaft motivieren, statt sie durch einen Wettbewerb um Noten zu entmutigen. Alles ein schöner Traum, sagen Sie? Es kann funktionieren. Ein Land hat das schon bewiesen. Ein Land übrigens, das bei Pisa immer Spitzenreiter ist. Kann das ein Zufall sein? Ich glaube nicht. Die Rede ist von Finnland. Dort gibt es kein gegliedertes Schulsystem wie in Deutschland. »In Finnland gelangen fast 100 Prozent der Schüler zum Abschluss der neunten Klasse der Einheitsschule, praktisch ohne Wiederholung einer Klasse«, erklärt Edelstein.[145] »Dabei bleiben im Prinzip alle Kinder einer Klasse von Anfang an zusammen, ohne Auslese, aber mit hinreichender Unterstützung und individueller Förderung.« Seiner Ansicht nach ist das ein Erfolg versprechender Weg, um Fremdenfeindlichkeit und Rechtsextremismus vorzubeugen. Denn solche Einstellungen beginnen oft mit frustrierenden Erlebnissen in der Schule:

»Die einschlägigen Untersuchungen haben übereinstimmend gezeigt, dass es deutliche Zusammenhänge zwischen dem antidemokratischen Einstellungssyndrom und schulischen Erfahrungen mangelnder Anerkennung durch Lehrer, mangelndem Vertrauen der Schüler zu Schule und Lehrern, fehlenden Gelegenheiten zur Partizipation gibt.«[146]

Die Jugendlichen müssen lernen, Konflikte und Streit fair auszutragen. Sie müssen zudem den Umgang mit Menschen lernen, die eine andere Meinung und ein anderes Weltbild

145 Edelstein: Demokratiepädagogik und Schulreform.
146 Edelstein: Demokratiepädagogik und Schulreform.

haben als sie. Das ist laut Edelstein dringend nötig. Denn unsere Gesellschaftsordnung sei vielleicht »weniger pluralistisch und entwicklungsoffen als psychologisch instabil«.[147] Weil wir die grundlegenden sozialen Fähigkeiten eben nicht allen Kindern mitgeben. Viele Kinder fallen durch die Maschen unseres groben Bildungsnetzes. Nach der Schule stehen sie allein da – ohne gelernt zu haben, sich im Leben durchzusetzen. Ohne zu wissen, wie sie mit anderen richtig umgehen können. Ohne zu ahnen, wie sie Konflikte und Krisen bewältigen. Und davon erwarten gerade diese Jugendlichen so einige. Sie können sich längst nicht mehr sicher sein, einen Job zu bekommen. Dabei ist es doch gerade die Arbeit, die uns in der modernen Leistungsgesellschaft definiert. Zurück bleiben Menschen, die nicht gelernt haben, was Moral bedeutet. Wie können sie sich dann daran halten?

Das kann man verhindern. Von Anfang an. Dafür brauchen wir eine Schule, in der Lehrer bei jedem Einzelnen darum kämpfen können, dass er Teil der Gemeinschaft wird. Dass er Anerkennung erfährt. Dass er bei den Diskussionen und Projekten mitarbeiten kann. Einem solchen Menschen kann man viel eher erklären, warum er keine Angst haben muss vor den Hunderttausenden Flüchtlingen und Zuwanderern, die jetzt in unserem Land Schutz suchen.

Volker Ladenthin sagt: »Was Angela Merkel über die Verantwortung Deutschlands in der Flüchtlingskrise gesagt hat, ist absolut richtig. Wir sind ein reiches Land und müssen die vielen Menschen aufnehmen.« Natürlich müsse Deutschland viel mehr für die Eingliederung fremder Menschen tun: Sprachförderung, Integration in den Arbeitsmarkt, eine bessere Wohnsituation, um Gettos zu vermeiden. Das ist die eine

---

147 Ebd. Hervorhebungen im Original.

Seite. Die andere Seite ist, dass wir an den Einstellungen der Deutschen arbeiten müssen. Denn Integration ist ein Geben und Nehmen. Ladenthin schlägt vor, den Bürgern klarzumachen, dass sie eigentlich stolz sein können. »Ich habe manchmal das Gefühl, dass wir unsere Lebensumstände gar nicht so attraktiv finden, wie es eigentlich angebracht wäre«, sagt Ladenthin. »Deutschland hat viel zu bieten: gute Krankenhäuser, sanierte Innenstädte, tolle Kulturangebote, gute Schulen. Es sollte uns stolz machen, dass wir diese Dinge mit anderen Menschen teilen können. Kultur kann man teilen, ohne dass sie dadurch weniger wird.« Und auch für Wolfgang Edelstein ist Einsicht der erste Schritt zur Besserung. Einsicht muss sich seiner Ansicht nach allerdings erst entwickeln, sie lässt sich nicht durch autoritäre Regeln durchsetzen. Sie muss durch Gespräche und Austausch entstehen.[148] Es werden sicher Verteilungskonflikte auf uns zukommen. Denn wenn wir all die zusätzlichen Menschen versorgen wollen, brauchen wir mehr Ressourcen. Die Deutschen müssen laut Edelstein schon in der Schule lernen, solche Konflikte zu beurteilen und dann in einer Diskussion zu einer gemeinsamen Lösung zu kommen. Die Antwort auf eine Krise kann je nach Situation anders ausfallen. Sie muss jedes Mal neu verhandelt werden. Das Lernen hört mit dem Erwachsenwerden übrigens nicht auf. Und besonders in der heutigen Zeit muss politische Bildung ein Leben lang andauern. Das betont auch Elmar Brähler, Koautor der Leipziger »Mitte«-Studien immer wieder. Die Demokratie in Deutschland ist seiner Ansicht nach sehr fragil. »Sie ist nicht erkämpft, sondern anerzogen worden«, sagt er. Umso wichtiger sei es, dass sich die Deutschen wieder mehr an Politik beteiligten. Das sei aber in Deutschland nicht einfach. Noch im-

---

148   Edelstein: Demokratiepädagogik und Schulreform.

mer gibt es laut Brähler sehr viele sehr autoritär strukturierte Einrichtungen. Parteien, Gewerkschaften, Vereine und natürlich auch Schulen ermöglichen wenig Beteiligung. Stattdessen wird meistens von oben durchregiert, Widerspruch ist nicht erwünscht. »Es müsste mehr politische Debatten geben«, sagt Brähler. Obwohl die soziale Ungerechtigkeit in Deutschland zugenommen habe, spüre man kein Aufmucken in der Bevölkerung. Auch die teure Bankenrettung sei einfach hingenommen worden. »Die Grundhaltung in der Bevölkerung ist sehr apathisch«, erklärt Brähler. »Dabei ist es doch nicht schlimm, wenn kontrovers diskutiert wird. Hauptsache, ein Konflikt wird ausgetragen.« In der Pflicht sieht Brähler hier auch die betroffenen Institutionen. Die Gewerkschaften hätten Probleme mit ihren Mitgliedern. »Über ein Drittel von ihnen hat rechts gewählt. Für diese Menschen tragen die Gewerkschaften Verantwortung«, sagt er. Auch die Kirchen hätten ihre Mitglieder nicht zur Diskursfreudigkeit erzogen. Ein Beispiel für besonders schlecht ausgetragene Politik ist für Brähler das Freihandelsabkommen. »Die Verhandlungen wurden vor der Bevölkerung geheim gehalten, damit die Bürger nicht stören. Sie wurden als Querulanten abgestempelt.« Das rüttelt seiner Ansicht nach an den demokratischen Grundfesten dieses Landes. Wie sollen die Deutschen zu mündigen Bürgern werden, wenn selbst das leiseste Interesse sofort erstickt wird?

Politik ist zu einem bürokratischen Ungetüm herangewachsen, das die meisten Menschen abschreckt. Die Modernisierung hat Spuren hinterlassen. Die Strukturen unserer Gesellschaft sind inzwischen so kompliziert, dass selbst Experten manchmal den Überblick verlieren. Politische Entscheidungen werden nicht mehr nur von der Bundesregierung getroffen, sondern zunehmend von internationalen Kommissionen und

Verbänden. Diese Entschlüsse erscheinen dem Bürger »arbiträr und irrelevant«.[149] Edelstein fasst es so zusammen:

>»Arbeitsmarkt, Firmenzusammenbrüche, Insolvenzen, die Entwicklung auf den Aktienmärkten, die Steigerung des Ölpreises sind kaum mehr Gegenstände nationaler Politik, sondern rufen als anscheinend unbeeinflussbare Aspekte der wirtschaftlichen Globalisierung eher Gefühle der Distanz und Erlebnisse der Ohnmacht, des Umbehagens und der Angst hervor als Anreize zu politischem Engagement.«[150]

Die Welthandelsorganisation, die Weltbank, der Klimagipfel, die G7-Treffen – das sind nur ein paar Beispiele für die undurchsichtigen internationalen Strukturen, die Politik laut Edelstein unerreichbar und unbeeinflussbar erscheinen lassen. Dabei gehe es um wichtige Entscheidungen, die das Leben der Bürger beeinflussen. Wir brauchen eine Bildung, die diese Politik erklärt und begreifbar macht. Denn die Verschwörungstheorien der »besorgten Bürger« sind letztlich einem großen Unwissen entsprungen. Da sie die Zusammenhänge nicht verstehen, konstruieren sie eben selbst welche. Und was dabei herauskommt, ist selten sinnvoll und meistens absurd. Es muss Möglichkeiten für die Bürger geben, mitzuentscheiden oder zumindest mitzudiskutieren. Nur so kann Demokratie in den Köpfen weiterleben.

Wie Sie sehen, gibt es viele Ansätze, Fremdenfeindlichkeit mit Bildung zu begegnen. Sie machen Hoffnung, dass noch nicht alles verloren ist. Dass am Ende doch die Toleranz gewinnt. Die Chancen stehen gut.

---

149 Edelstein: Demokratiepädagogik und Schulreform.
150 Ebd.

Das meiner Ansicht nach überzeugendste Argument gegen Fremdenfeindlichkeit habe ich mir für den Schluss aufgehoben. Es wird für einige Menschen schwer sein, diese Wahrheit einzusehen. Aber sie ist der Schlüssel zu einer Zukunft, in der Rasse, Religionszugehörigkeit und Herkunft in diesem Land nicht mehr bestimmend sind. Ich sage es einfach mal geradeheraus: Es gibt keine deutsche Identität. Jedenfalls keine, wie die »besorgten Bürger« sie sehen. Ich dachte zum Beispiel immer, dass ich Deutsche bin.[151] Aber ich habe mich geirrt.

Ich habe zwar einen deutschen Namen. Ich habe helle Haut. Deutsch ist meine Muttersprache. Die deutsche Kultur ist auch meine Kultur. Doch es gibt auch eine andere Seite von mir. Obwohl ich hier geboren wurde, obwohl ich die deutsche Staatsbürgerschaft habe und obwohl ich mich bisher meistens als Deutsche identifiziert habe, fließt in meinen Adern kein Tropfen deutsches Blut. Mein Vater kommt aus Kroatien, meine Mutter aus Estland. Bisher hatte ich immer die Wahl: Sehe ich mich als Deutsche? Oder sehe ich mich als Ausländerin? Sie würden mir meine Herkunft niemals anmerken. Denn ich habe die perfekte Tarnung: Ich bin genau wie Sie. Ich kann mich entscheiden, ob ich über meine Wurzeln rede. Ich kann die perfekte, privilegierte Deutsche sein. Oder ich erzähle, wie es wirklich ist. Die Hassbürger haben Angst vor der Überfremdung und ahnen nicht, wie dumm das ist. Sie müssen sich nur einmal umsehen, und sie werden merken, dass wir Ausländer überall sind. Wir sind ihr Kollege, der eine polnische Oma hat. Wir sind ihre Freundin, deren Familie einst aus Schlesien einwanderte. Wussten Sie, dass laut einer Studie 30 Prozent der Deutschen väterlicherseits von Osteuropäern abstammen? Nur sechs Prozent der

---

151 Der folgende Text erschien in einer ähnlichen Version bereits bei der »Huffington Post«. Hoffmann, Sabrina: An alle deutschen Facebook-Freunde: Ihr wisst gar nicht, wie viele Ausländer schon hier sind. Huffington Post Deutschland, 28.08.2015.

Deutschen haben germanische Vorfahren. Die Wahrscheinlichkeit, dass die Hassbürger dazugehören, ist sehr klein. Um nicht zu sagen: winzig. Mit anderen Worten: Auch die »besorgten Bürger« sind Ausländer, auch sie sind nur Gast auf diesem Flecken Erde, den wir Deutschland nennen. »Den Deutschen« gibt es überhaupt erst seit Anfang des 19. Jahrhunderts. Davor war das Land zersplittert in viele Staaten und Gebiete. Was gibt den »besorgten Bürgern« das Recht, jetzt nach einem »Ausländerstopp« zu rufen? Sie behaupten, es gebe keinen Platz mehr. Sie fordern, dass die deutsche Regierung das Geld für das eigene Volk ausgeben solle statt für Flüchtlinge. Aber wer gehört zu diesem Volk und wer nicht? Die »besorgten Bürger« sind Ausländern nicht genetisch überlegen, auch nicht kulturell. Sie haben einfach verdammtes Glück gehabt, hier geboren worden zu sein – in einem Land, in dem Frieden, Bildung und medizinische Versorgung Selbstverständlichkeiten sind. Auch ich habe Glück, dass ich hier geboren wurde. Mein Vater wollte seinem zukünftigen Kind eine bessere Zukunft ermöglichen, deshalb kam er nach Deutschland. Und deshalb durfte ich hier aufwachsen. Es tut mir weh, wenn der wütende Mob Flüchtlinge als »Schmarotzer« bezeichnet, denn damit verurteilt er indirekt auch Menschen wie meine Eltern. Meine Mutter kam als kleines Mädchen, weil ihre Familie vor der Armut floh. Sie sind wundervolle Menschen, die sich immer liebevoll um mich gekümmert haben. Sie sind nicht egoistisch. Sie wollten nichts für sich. Sie haben immer nur an mich und meine Zukunft gedacht. Ich wünsche mir, dass sich die »besorgten Bürger« nur einmal in die Lage der Menschen hineinversetzen, die hier in Deutschland Zuflucht suchen. Egal, ob vor dem Krieg oder vor einem perspektivlosen Leben. Ich meine: wirklich in sie hineinversetzen. Versuchen, zu denken und zu fühlen wie sie. Versuchen, für einen Moment wie sie *zu sein*. Was wäre gewesen, wenn jemand den Großvater eines

»besorgten Bürgers« an der Grenze weggeschickt hätte? Oder den Urgroßvater? Oder den Urururgroßvater? Was wäre, wenn dieser deshalb in seine Heimat zurückgekehrt wäre? Vielleicht wäre er verhungert, vielleicht wäre er ermordet worden. Vielleicht hätte er seine Kinder in Armut großgezogen. Diese Kinder hätten selbst Kinder bekommen und großgezogen. Und die »besorgten Bürger« würden jetzt in einer winzigen Bruchbude in Albanien, Rumänien oder Mazedonien wohnen und sich für einen Hungerlohn abrackern. Vielleicht würden sie dann ihre Koffer packen und nach Deutschland kommen, weil sie sich eine schönere Zukunft erhoffen. Und vielleicht würde ihnen ein bierbäuchiger Deutscher in Heidenau entgegenbrüllen: »Raus mit dem Ausländerpack!« Kein schöner Gedanke, oder? Es hätte aber durchaus passieren können. Denn nichts anderes wollen die Hassbürger jetzt erreichen. Wer weiß, wie der typische Deutsche in hundert Jahren aussieht? Vielleicht hat er wirklich hellbraune Haut. Vielleicht sind seine Wurzeln dann so vielfältig, dass er sie gar nicht mehr aufzählen kann. Ich finde diese Vorstellung überhaupt nicht bedrohlich, sondern bereichernd. Möglicherweise wäre dann auch endlich Schluss mit Diskriminierung und Ablehnung und Vorurteilen. Seht es endlich ein, ihr »besorgten Bürger«: Den »reinen« Deutschen gibt es schon lange nicht mehr. Es hat ihn eigentlich nie gegeben. Und wenn ihr Ausländer hasst, dann hasst ihr mit ziemlich großer Wahrscheinlichkeit euch selbst.